教师写作9堂课

陈 文 著

水西·书系

山西出版传媒集团
山西教育出版社

图书在版编目（CIP）数据

教师写作9堂课 / 陈文著. -- 太原 : 山西教育出版社, 2023.5

ISBN 978-7-5703-3219-9

Ⅰ. ①教… Ⅱ. ①陈… Ⅲ. ①作文课—中学—教学参考资料 Ⅳ. ①G633.343

中国国家版本馆CIP数据核字(2023)第076185号

教师写作 9 堂课

JIAOSHI XIEZUO 9 TANG KE

责任编辑　樊丽娜
复　　审　刘继安
终　　审　康　健
封面设计　陈　晓
内文设计　崔文娟
印装监制　蔡　洁

出版发行　山西出版传媒集团 · 山西教育出版社
（太原市水西门街馒头巷7号　电话：0351-4729801　邮编：030002）
印　　装　山西万佳印业有限公司
开　　本　890×1240　1/32
印　　张　9
字　　数　150千字
版　　次　2023年6月第1版　2023年6月山西第1次印刷
书　　号　ISBN 978-7-5703-3219-9
定　　价　49.00元

目　　录

序

顾之川

写作是人人都需要具备的一种语言表达能力。我们每天都要跟别人打交道，或交流信息，或沟通思想，或发表看法，或抒发情感，这就需要具有一定的语言表达能力。表达的形式最主要的有两种：一种是用嘴巴说出来，这就是口头表达；另一种就是用文字写出来，这就是书面表达。后一种就是写作。我们称赞一个人语言表达能力强，通常会说他“才思敏捷”“能说会道”。口头表达能力强，讲起话来滔滔不绝，口若悬河；书面表达能力强，写作水平高，能够快速构思成文，甚至文不加点，倚马可待。语文课是培养学生运用中华民族通用语言文字的一门课程，主要是通过识字写字、阅读、写作教学，培养学生的语言文字运用能力，所以语言表达能力、应用写作能力不仅是一个人生活、学习和工作的必备素质，也是中小学语文教学要培养的语文关键能力。有学者提出“不写作枉为人”，道理也在这里，特别是对具有一定文化素养或从事文化教育工作的人来说更是如此。

教育的根本任务是培根铸魂、启智增慧、立德树人。教师在从事教育教学活动时，固然离不开说话，所谓“传道受业解惑”，都需要循循善诱，春风化雨，但也常常离不开写作。比如，课前要写教案，设计教学方案；课后要写教学反思，进行教学总结；批改学生的作文，要根据写作基本要求写评语，指出这篇作文有什么优点，还有哪些有待改进之处。不少优秀的语文教师还常常写“下水作文”，表达自己的写作理念，给学生以写作示范。优秀的教师决不会“君子动口不动手”，只说不写的。事实上，不仅语文教师需要写作，其他各科教师也需要写作，都需要有较强的写作能力。如果自己在专业发展上有进一步追求，往学科教学专家方向努力，必然要写教研论文，以便与同行切磋交流，这就更需要写作了。

写作应该成为教师的一种生活方式。一个有教育情怀、有所追求的教师，一定会热爱写作的。从个人来说，写作能够充实内心，丰富精神生活，锻炼思维能力，养成好学、深思、力行的习惯和品质。从工作来说，写作有助于反思改进教学，积累总结经验，提高教学效率。尽管新的教育评价改革要求破除“唯论文”的顽瘴痼疾，但须知这是对过去教师评价中只讲论文而不注重教学实绩的一种矫正，并没有要反对或弱化教师写作的意思。教师热爱写作、擅长写作仍然是其专业素养的一项重要指标。如果功夫用得足够深，完全可以在教学之余通过写作改变自己的人生。或通过文学创作，成为著名作家；或通过著书立说，成为某一领域的名家学者。鲁迅、老舍、俞平伯、曹禺、叶圣陶、夏丏尊、朱自清、朱光潜、季羡林、钱穆、吕思勉、周谷城等一大批著名作家、学者，都是从中小学教师起步的。智利有一位中学女教师、诗人加夫列拉·米斯特拉尔甚至获得了1945年诺贝尔文学奖。

不过对于多数一线教师来说，尤其是青年教师，他们并不是不想写，而是想写却没有条件写。有的是忙于日常教学，或家庭负担重，一天下来身心俱疲，没有时间和精力写；有的是觉得自己积累不够，不敢贸然下笔；有的是不会写或缺乏历练，不知道从哪里下手；也有的是怕写不好，缺乏信心，担心被嘲笑和讥讽，就索性不写。这本《教师写作9堂课》就是针对教师写作中存在的普遍性问题，有感而发，答疑解惑。全书围绕教师写作，设计了9堂课，内容涉及教材解析、教学札记、教学课例、教育故事、教育随笔、教育时评、读后感、教育教学调研报告、文章修改等，每堂课都包括基本概念、主要特点、写作方法、参考例文和练笔建议。“附录”是投稿有门道，并以“努力成为优秀的表达者”结束。这一设计极富创意，别开生面。书中内容涉及教师写作中经常遇到的问题，具有普遍性的指导意义，既讲教师为什么写，又讲写什么和怎么写。其中“参考例文”多数取自作者本人所写文章，现身说法，是一位教育工作者的“夫子自道”，也是多年坚持教育写作实践的经验之谈。至于用“9”而不是其他数字，含有“多”“全”之意。清代著名学者汪中在《释三九》中有言：“凡一二之所不能尽者，则约之以三，以见其多。三之所不能尽者，则约之以九，以见其极多。”

陈文是我的老朋友，湖南浏阳人。他当过中学语文教师、语文教研员、教研室主任、教育局副局长，有着丰富的一线教学、教研和管理实践经验。他不到四十岁就被评为中学语文特级教师，还是湖南省作家协会会员，出版过《教师可以更优秀》《教育必须刚刚好》《边教书，边成长》《泥土生香》《快活岭》等多本教育和文学著作。我第一次见到他应该是在2013年4月23日，那天是“世界读书日”。商务印书馆、中国教育报、中国出版集团、中国教育学会中学语文教学专业委员会举办了“为中国未来而读暨推动读书十大人物颁奖典礼”，每年表彰十位在推动阅读方面做出过突出贡献的人物，获奖的多数是一线教师、教研员，也有校长、局长或其他领域的人物，因而在教育界、出版界影响很大。陈文就是那一年“十大读书人物”之一。后来因年龄原因退出领导岗位后来到北京，我们接触就多了。他热爱读书，勤于写作，我常常在有关报刊上读到他的大作。他读了我编的《叶圣陶、吕叔湘、张志公语文教育名篇精选》后写了一篇读后感，发表在《中华读书报》上，广受好评。现在，他的《教师写作9堂课》书成，即将付梓，相信这是一本对教师写作极有帮助的书，因而乐于向广大教师和读者朋友们推荐。

是为序。

2021年11月28日于京东大运河畔之两不厌居

（顾之川：人民教育出版社资深编审、语文教育专家、中国教育学会中学语文教学专业委员会原理事长）

写作可以成为教师的生活方式

现在，很多中小学教师认为自己只要“动口”上好课就行了，至于“动手”写文章，那是极少数有写作才能的教师做的事。的确，“动口”上好课是一个教师必须做好的重要工作，但教师们在上好课的同时，还需有意识地“动手”写点文章，在教书育人的路上留下自己特有的痕迹。这般主动地既“动口”又“动手”，也许更能得到学生的喜爱和社会的敬佩。

现在中小学教师的写作情况不容乐观。

不久前，我从一个公众号上看到一篇调研报告，调查者是袁源老师，袁老师对100位语文教师当前的写作状况进行了问卷调查。调查采取随机、无记名问卷形式进行，围绕“在今天的教育环境中，语文教师还‘在’写作吗?”设计了两个题目：

1．您有自己的写作生活吗？

2．您有自己固定的写作园地吗？

两题都设了“有、没有、有时有”三个选项供被调查教师单项选择。

第1题是从个体语文教师的视角，请其结合对身边教师群体的观察和了解做出判断。

第2题则是直接针对教师个体写作状况的问询。

从第1题答题结果看，100名受访者中，当下语文教师“有”写作生活的28人，“没有”的9人，“有时有”的63人，可见，大多数老师认为自己是“在”写作的，语文教师整体的写作状态是乐观的。

从第2题答题结果看，确认自己“有”固定写作园地的只有16人，确定“没有”的52人，不确定的32人。这说明站在个体角度，语文教师对自己的写作状态是不自信的，由此推断，中小学教师整体的写作状态并不理想。

老师，你为什么“动口不动手”？

由上面的调查报告可知，当前很多教师处于“动口不动手”的状态，为什么会这样呢？认真分析起来，大体有以下三个方面的原因。

一、学校杂事多，每天忙得晕头转向

无疑，中小学教师工作的重心在课堂。可是，现在很多时候教师们不仅要完成课堂教学任务，还要完成很多其他非教学任务。究其原因有三。

一是学校编制紧。近几年由于国家放开“二孩”政策，各地学生数量明显增多，可编制跟不上，于是出现教师每天满负荷工作的现象。教师忙完课堂教学后根本无暇去反思、

总结，去静下心来写点东西。另外，一些地方大力度地撤销农村小学、教学点，小学生也只能寄宿在校，因为编制紧，一些教辅岗位的事只得让教师做了，这也无形中增加了教师的工作量。

二是教学之外杂事多。这几年，一些部门打着“从娃娃抓起”“从学生抓起”的口号，让很多与教育无关的工作进入校园，严重干扰了学校正常的教育教学秩序。笔者曾看到一份地方报纸的报道：教育局会同有关部门，把58项进校园的项目整合成18项。报纸把这个事放在当日头条，作为当地政府为教育办实事的业绩来报道。作为一个教育老兵，我看完之后心情非常沉重。可以想象，教师们日常工作是多么繁重，因为除了应对外部的“进校园”活动外，学校内部每天还有很多的表格、计划和总结等着他们去完成。面对这样的现实，教师上课之后没有时间思考自己教学中的优劣也就可以理解了。

三是学校对教师的教研业绩缺乏有效的机制保障。在编制紧、杂事多的现实情况下，教师要动手写点东西确实不容易，有时还要冒一定的风险。为什么呢？因为动手写作的教师有时候在同行面前要遭到嫉妒，还得冒“出名”“出风头”的风险；在有的学校领导面前要冒“不务正业”的风险，这也是很多教师不愿意动手的原因。一些学校领导眼里只有学生分数，盯着教师是不是在守着学生刷题，对教师的科研没有从内心支持的意识，更不用说会制定相关政策鼓励教师反思写作了。

不过，也不是所有的学校、校长都是这样。我接触过一个校长，他对教师写作、发表文章非常支持，学校专门有这方面的奖励制度。他说：“我就鼓励老师写文章拿出去发表。你想啊，教师发表文章在他的名字前肯定要署上作者单位，如果我们学校的教师一年内能在全国各种报刊上发表几十篇文章，那我们学校的名字不也在这些报刊上出现了几十次吗？还有什么比这个宣传学校更有广告效应呢？”我非常佩服这位校长的远见卓识，真希望所有教师都能够碰上这样的好校长。

二、家庭负担重，日常生活令人身心疲惫

目前四十岁上下的中年教师，工作上，经历十几、二十年的教育教学生活后，积累了一定的教育教学经验，针对不同的教育教学情境，能够应对自如，照理说应该对自己的教学经验经常进行梳理，静下心来动手写点东西，以便更好地走稳今后的职业道路。可是，很多老师这个时候感觉被“掏空”了，应付课堂就已经感觉很吃力了。我曾听一位老师感慨地说，教了近二十年的初中，现在回想起来，自己就是个初中水平的人。这种业务能力总处在一个水平线上徘徊停滞的状态，就是心理学上说到的“高原现象”。如果这时候不警觉，不反思，那就意味着很多教师在长年累月的忙忙碌碌中不知不觉走上了平庸之路。

生活上，“上有老下有小”的现实，确实让很多中年教师喘不过气来。自己进入不惑之年，而这个年龄的人大多是独

生子女，双方父母的年龄都比较大了，四个老人的基本生活需要照顾，生病住院是常态，夫妻二人应付这些事得用去很多时间和精力。放开“二孩”政策后，很多家庭有了第二个孩子。两个孩子一个上学需要接送，另一个还在咿呀学语，都需要自己费时费力。赡养老人、抚育孩子，这样的现实让很多教师逃无可逃。虽然也有教师知道动手写作对自己专业素养和水平的提高很有好处，但面对繁杂琐碎的日常只好放弃了。

三、自身缺乏积累、不善观察与从众心理的影响

教师不动手写作，归根结底还是个人因素占最大比重。这个自身因素主要表现为三个方面。

一是读书不多，积累不够。现在教师的学历都很高，一部分教师以为自己大学毕业，教个中学、小学，那是小菜一碟。这种想法导致很多教师没有积极阅读、主动学习的意识，

终日将手机阅读作为平时学习的主渠道，这种碎片化阅读的结果是获益甚少，进步甚微。由于读书少、视野窄，没有形成积累的习惯，等到动手时，一副“握笔四顾心茫然”的状态。

信息时代给人的感觉是日新月异，作为教师应该不断学习，树立成长型思维，才能走进教室心不慌，与学生交流跟得上。苏霍姆林斯基曾说，只有当教师的知识视野超越教学大纲（课程标准）和教材，宽广得像无边无际的海洋，教师才能成为教育教学领域里的诗人和艺术家。因此，教师应该有意识地订好短、中、长期阅读与写作计划，绘好自己的阅读与写作蓝图，将读写浸润到自己的日常里，才能在专业道路上不断成长。

二是缺失留心观察的意识与反思的能力。一个缺乏观察力的教师只会对众多的情况视而不见，听而不闻，直到情况危险时才意识到问题不可回避。因此，观察力是教师一项重要的教育能力。一个有很强观察力的教师，会对发生在身边的教育教学现象有反应，或防患于未然，或制止于未遂，并将这些现象或事情诉诸笔端，记录其经过和经验教训，以期对他人有借鉴作用。

教师要培养自己的观察与反思能力，最重要的是对自己所从事的工作要有发自内心的热爱之情。惟有对所从事的职业充满爱，才会去留心、用心观察日常工作中的点滴琐碎，才会从中发现它们的美好或不尽人意之处，才会反思怎样纠正、改进那些不好的地方或让美好的事情更能彰显其魅力。

三是随波逐流，疏于动笔。从上文问卷调查信息可知，目前有写作意识和写作园地的教师还是少数。多数教师看到身边的同事没有动手也就心安理得了。俗语云："字要写，拳要打。"说的是练字、练拳的人必须天天练，技艺才能不断长进。写作同理，如果"三天打鱼两天晒网"，此项技艺就难有长进并难以持久，长此以往就无从下笔了。

因此，首先，要树立写作是教师的核心能力的意识，主动拿起笔来记录教育教学生活中那些"精彩极了"和"糟糕透了”的地方。其次，要有一个动笔小目标，初次动手，不能寄希望于一炮打响、一举成名天下知。要耐得住寂寞，经得起失败，要知道会写的人都是经历无数次“泥牛入海无消息”后坚持下来，最终逐步得到认可的。再次，要有悦纳心理，主动向身边勤于笔耕的同行学习，向教育前辈、名家学习。须知你先于他人动手并持之以恒，你就领先了同行一大截，你就是那个最先到达成功彼岸的人。

教师写作的现实意义

一、有利于反思工作，提高教育教学水平

古希腊哲学家苏格拉底曾说，未经思考的人生是不值得过的。作为把教书育人作为自己终生职业的教师，对自己在教育教学生活中遇到的问题能够不管不顾、不闻不问吗？如

果真是这样，那你的教育教学不就成了“盲人摸象”吗？怎么看出你的成绩和水平呢？

渴望成长的教师都有不断反思的意识和经常总结的习惯，不管学校工作和家庭事务多忙，都要动手记录自己在教育教学过程中的得失，长期坚持这样做，能一步一步地提高自身的育人水平，使得自己的人生过得既有意思又有意义。

教育教学中值得反思、总结的地方很多，最应反思的是自己和他人的课堂教学。对他人的课堂，特别是一些公开课，可以采取去粗取精、去伪存真和博采众长的态度。对于自己的课堂，教师可以从“教”与“学”两个维度，从课前、课中和课后等多方面来反思。课前看教师的准备（预设）工作如何：学习目标的设定是否切实，教学流程的安排是否简明，问题的提出是否基于教材与学情，等等。课中主要看是否贯彻了“学为主体”“以学定教”的理念，学生对教师的预设是否兴趣盎然、思考积极，课堂上是否超乎预设而生成一束束智慧的火花，等等。课后主要看学生的反应：情绪状态是否始终饱满，教师呈现的问题是否迎刃而解或引发更深层次的思索，学生对教师的教学方法和策略是否认可，等等。所有这些，都可以诉诸笔端形成文字，成为教育教学生涯里的宝贵财富。

“没有最好，只有更好”应该是所有教师对课堂教学的基本判断。有了这个基本判断，我们就能够实事求是地对待名师大家的课堂，从中获得自己想要的东西。我们也能够客观地对待自己的课堂，不自以为是，不妄自菲薄，并及时记下课堂中的成功与不足之处，记下自己与学生的表现。如果做到了这些，你的成长，自己和他人都看得见。

二、有利于体会写作的酸甜苦辣，锻炼思维能力

俗语云：“你要知道梨子的味道，最好的办法是亲口尝一尝。”写作之事与此同理。现在，有写作意识和能力的教师还不是很多，包括一些语文教师。如同数学教师不会解题，音

乐教师不会一种乐器，美术教师不能画几笔，体育教师不能跑跳一样，语文教师不会写作，肯定会被认为不合格，因为这是基本的专业素养要求。教师自己如果缺乏写作经验，不能在课堂上激发学生的写作热情，没有能力教授给他们写作技能，就是自身职业素养欠缺的表现，就不可能很好地完成教学任务。

实际上，没有人要求语文教师的写作必须全面达到文学创作或学术写作的水准，对语文教师写作这项职业要求，是能“教学生写”，不是让语文教师都去当作家。著名语文特级教师、杂文家吴非老师曾在他的《作文教学笔记》里写道：“语文教师至少是合格的表达者，应当熟悉各种表达能力的基本要求，能写作各类应用文体，能尝试写文学类文体。不一定出类拔萃，但既然受过专门教育，有基本能力，就应写得出和写得像。”

“不会写”确实是目前一部分教师特别是语文教师的短板，学校里真正把写作当作生活一部分的教师不多，甚至有的骨干教师、名师也存在不会写的情况。因此，包括语文教师在内的所有中小学各学科教师，都要有意识地动手，不断提升自己的写作素养。教师经常“下水”写作，和学生一起体会写作的艰辛，不仅能够为学生打开一扇认识世界、品味人生的窗户，还能够培养自己和学生的逻辑思维能力。

三、有利于理论知识的学习、消化与吸收，提升科研能力

现在号召教师多读书的文章很多，很多文章甚至开出教师阅读书单，这当然是一件好事。虽然读书是个人的事，无须外人说三道四，但对于在某一学科做出成绩来的教师的读书建议，还是要认真思考的。环顾古今中外的教育家，他们都是站在前辈的肩膀上吸收营养，然后成为巨人的。

以陶行知与他的老师杜威为例。陶行知是杜威的学生，当年在美国哥伦比亚大学教育学院，陶行知了解并接受了老

师的教育理论。杜威是美国实用主义教育学的倡导者和实践者，他在专著《民主主义与教育》里，将其教育理论概括为“教育即生活”“学校即社会”和“做中学”。陶行知学成回国后，根据中国的社会现实，对老师的理论加以改造，提出了自己的教育主张，形成了富有中国特色的陶行知教育思想。

比照陶行知和杜威的教育思想，我们可以看出陶行知的很多思想脱胎于杜威，很多方面又超过了老师。我以为，当今教育领域就是要多一些陶行知这样的人。如何做到呢？一是有“结交名师而师之”的行动。在我们周围，确实有一些师德高尚、业务精湛的名师大家，渴望成长的教师特别是青年教师，要主动地拜名师大家为师，向师傅说出自己专业成长道路上的难点和痛点，以期获得指点，这样，你的成长就会加速。二是要有“我爱我师，我更爱真理”的意识。在获得师傅指点的同时，不能唯师傅马首是瞻，有时要大胆说出自己的想法和做法，写下教育教学教研路上的心得体会，这样就不会出现“武大郎开店”的情况，自身的教研能力和水平就能扎扎实实地提高，不知不觉间，自己也走入名师之列。

四、有利于形成和推广自己的教育教学思想，扩大影响力

不停地动手写作，就会感觉越写越顺手，对教育本质的认识就会越来越清晰，对教学内容和方法的把握就会越来越得心应手。当然，教师不可能像有关专门研究机构的人员那样去做研究，只要能够把握好整个学科的性质、内容和方法等，并进行长期的教学实践和反思总结。比如，你是语文教师，在进行了一个大循环（六年）的教学后，小而言之，你对低年级的识字、写字教学有想法，可以选择识字、写字为研究的切入口和突破点，再用心琢磨研究，归纳提炼出若干方法和策略，写出多篇文章。这些从课堂上来的真知灼见犹如真金白银，一定会受到同仁的喜爱和报刊的欢迎。大而言之，通过多年的教学实践，你肯定对其中的阅读教学或写作教学有自己的心得体会，那么，你不妨选取其中的阅读或写作进行深入研究。关于阅读教学，统编语文教材“专治不读书症”，面对“多读书、读好书、读整本书”的要求，你是怎么想的、怎么做的呢？很多教师都有自己的看法。哪怕你选择阅读教学的一个“点”，如阅读教学中的散文教学或诗歌教学等，仔细思考，认真实践。用心把这个“点”做实做精，你在这个“点”上就是行家里手，围绕它写出系列文章公之于众，让同行们了解你的做法，逐步接受你的思想，久而久之，你就在这个领域有了话语权，有了一席之地。

没有哪位教师一开始就能在自己的学科领域独占鳌头，一飞冲天。所有的名师大家都是在自己的学科领域边实践、边学习、边反思总结，慢慢形成自己的教学特色与风格，然后笔耕不辍，将其表述出来，在报刊上发表，进而逐步获得同行的认可与尊重。

五、有利于驱散职业倦怠，让自己有获得感、学校有荣誉感

日复一日、年复一年重复单调的校园生活，难免令人产生职业倦怠，而抵御职业倦怠的有效行动就是动手写作。教师的写作可以从以下几个方面来展开。

一是根据教育的本质和学科的性质特点，写下对它们的认知。教育的本质是什么？是唤醒，是点燃，是示范。面对身体正在发育、知识正在累积、性格正在形成、精神正在成长的学生，你是只关注学生的文化成绩还是按照教育的本质规律去行事呢？按说，学校和教室是允许学生犯错的地方，面对学生的错误，你用怎样的方法去引导呢？你自己犯错了，又是用怎样的机智逃脱局促与尴尬的呢？面对所教的学科，它在整个基础教育阶段处于什么位置，采取什么样的方法和策略，让学生喜欢上这门学科，让他们学得既扎实又轻松愉快呢？……自己的看法和做法都可以通过一篇篇的文章来

表达。

二是面对课堂，留下经验和教训。课堂是师生的生命场，是立德树人的主阵地，你要有意识地把课堂中的问题上升为课题来研究。比如，你发现一部分学生对文化课学习没有兴趣，就不能只把原因指向学生学习态度不端正，心中没有远大理想。应该从教与学两个方面来进行分析：教的方面，学生不想学、不会学，你在教学的方式方法上是否存在问题？是否由原来的“满堂灌”变成了现在的“满堂问”而不得要领呢？是否忽略了激发兴趣、教给方法和养成习惯呢？学的方面，在你心中是否有“以学定教”、学为主体的意识？是否采取了点对点观察、家访了解、面对面交流等方法？只要把学生对文化学习没有兴趣的内在原因和外在原因查找到位，然后因材施教、对症下药，就能找到解决问题的方案和途径。你把培养学生学习兴趣的过程写出来，把它的前因后果、来龙去脉记述清楚，这样做能很好地驱散职业倦怠感，产生获得感。

三是遵循内心的喜好，拓展兴趣和爱好空间。一个热爱自己职业的教师，他会自觉地延伸拓展自己的学科领域，在自己专业的田地里围绕某个“点”深耕细作。放眼当今基础教育领域，还真有不少教师因为这样去做，使得自己的园地越来越殷实，在自己的园地里越来越充实和自信。一个语文教师如果能根据自己的爱好和专业需要，开出诸如“诗经”“楚辞”“唐诗”“宋词”“元曲”或外国文学等校本课程，学生一定会喜欢上语文这门学科的。

即使你的课堂形成了自己的特点和风格，经常在一些教研活动中“动口”上公开课、示范课，其影响力也是非常有限的。如果你不仅“动口”还能“动手”，知名度就会越来越大。你有文章发表、有著作出版，这是提升学校形象、扩大学校声誉的最好方式。学校也会因有像你这样勤写、会写的教师而感到莫大的荣幸，会把既能“动口”又能“动手”的教师当作学校的宝贝来看待。

怎样才有文思泉涌的感觉？

不少教师也知道写作对提高自己专业水平的重要性，可一握笔或坐到电脑前，却不知从何下手。这是现在很多教师的困惑。不经常“动手”的人，确实会遇到这类问题。如何破局？一是莫畏难。既然拿起笔或坐到了电脑前，就不要轻易离开，或多或少留下一些文字，哪怕是一句话、几十个字，都说明“动手”了，都应该被视作是写作的开始。二是好读书。杜甫诗云：“读书破万卷，下笔如有神。”书读得多了，有了丰厚的积累，对文字也就敏感了。面对想要留下的一个场景或故事，脑海里就会跳出类似的文字来，这样会让你的思路打开，顺利记录下亲身经历。三是多分享。把读到的好书或亲历的故事说给同行听，清晰的语言表达也能锻炼语言文字运用能力和思维能力，这样对自己的写作大有帮助。

除了做好上面所说的，真正要写好一篇文章，还要在以下三个方面着力。

一、敏锐的眼睛

在人的各个器官中，眼睛的作用无可替代。可很多人仅将眼睛的作用限定在看清物品、消除生活障碍而已。名人有言："生活中不缺少美，而是缺少发现美的眼睛。"是的，眼睛不仅能够帮助人更好的生存，更重要的是还可以让人去发现美，经由多彩的生活达到丰盈生命的高度。有这样一句话，人，长出一张嘴两只眼睛两只耳朵两只手，就是提醒每个人要少说多看多听多做。多看少说，应该成为每一个人的行为准则。

独具慧眼，就是能透过现象看到本质，发现问题背后的问题；就是明辨是非，懂得取舍。在教育领域，就是能够拨开重重迷雾看清教育的本质，在诸多似是而非的理念和行为面前有清醒认识，能从教育原点出发去阐述教育、推动教育。具体到某一个学科，就是能够认清学科的性质和特点，掌握学科学习的方法和策略，在大家都认为“只是这样”时你能够信心满满、有理有据地说：“未必这样，也许那样。”

独具慧眼有“力透纸背”之功，有“百万军中取上将首级”之力。上海市语文特级教师陈钟樑老师曾多次在文章和报告中直言不讳地说语文教师就是要有一双“毒眼”。他所说的“毒”，指的就是眼光的敏锐和深刻，即能从文本中读出学生或他人读不出来的东西。其实，何止语文教师要有一双“毒眼”，所有的学科教师都应该有一双“毒眼”，包括对教育本质的认识、课程开发的能力、学科视野的拓宽……只有这样，才能够一针见血地看出同行教学水平的高低，看出问题的本质所在，继而提出行之有效的策略。

二、思考的大脑

为何现实生活中很多人年复一年地重复着“昨天的故事”，所作所为基本上是握着一张“旧船票”无奈地寻找“昨日的客船”？一个简单的答案是：这些人缺乏思考，得过且过，不愿创新。思考是改变的原动力。人类进步和社会发展，都是思考的结果。身为教师，要有自己的专业思考。

1. 思考教育的本质

经过千百年来的思考，人们对教育的本质基本上达成了这样的认识：唤醒、点燃和示范。唤醒什么？一是唤醒孩子对未知世界的好奇心。二是唤醒孩子对真善美的向往。三是唤醒孩子对幸福人生的追求。点燃什么？一是点燃孩子对科学的求知欲望。二是点燃孩子对学科的热爱之心。三是点燃孩子心中的梦想。怎么示范？一是用深厚的学识示范。二是用良好的素养示范。三是用高尚的人格示范。

2. 思考教育对象的特点

首先，必须把引导学生自主探究作为教学的出发点，把课堂上的时间、空间和主动权交还给学生。其次，必须让学生在这种体验和发现中，亲身体验到充满思想、情感、智慧的“生活”，在知识得以增长的同时，情感得以呵护，人格得以健全与发展。

3. 思考教师自身的长处和短板

教师也是生活中的人，不可能是“万宝全书”，也不是圣人，有不及他人之处，工作中如何扬长避短需要智慧，做到显优藏拙。从现实情况看，绝大部分教师具备了高尚的师德和必备的育人技能。如果还能直面不足，奋起直追，人一能之我十之，人十能之我百之，兀兀穷年，每天进步必定看得见，读、写之坎是完全可以跨过去的。

三、勤奋的双手

有一首歌《真心英雄》至今还在传唱，歌里一句“没有人能随随便便成功”，一直激励着无数人埋头苦干、不断前行。的确，现实生活中的成功者都是历经艰辛、饱受苦难，才到达成功的彼岸。

每一个教师内心深处都有成为好教师的梦想。当我们珍惜教书育人的岗位，确立了立德树人的理念，用心、用情、用力去做好每天的教育教学工作，内心应该是愉悦而充实的。那么，就请你移步电脑前，伸出勤奋的双手，把你在校园内外、社会生活的经历以及读书观影的心得和体会写下来，这将助于提升你的专业水平和人生境界。

关于教育写作，我还有一个切身体会，就是提笔写作之前要养成打腹稿和列提纲的习惯。想要写某一样式的文章，打好腹稿乃至列出明细的提纲，能给人一种观点鲜明、层次分明和语言简明的感觉，写出来的文章就可以避免“脚踏西瓜皮滑到哪里算哪里”的情况发生。

总之，千言万语归结为一句话：带着一双敏锐的眼睛、一颗思考的头脑去从事教育教学工作，你的教育写作就能文思泉涌、下笔有神。

第1课

从落实教学常规开启写作之旅

——教材解析的写作

正如文学家有文学作品、艺术家有艺术作品问世一样，把教书育人作为自己终身职业的教师也应该有自己的作品。课堂，是教师展示生命宽度和深度的主要场所。教师把人生最宝贵的时间和最充沛的精力都奉献给了学校和课堂，因此，教师捧出的作品应该是“课堂作品”了。课堂作品包括“课标”解读、教材分析、教学札记（课堂观察、教学后记）、教学课例等。只是，现在很多教师仍然缺乏这方面的意识，几十年的课堂教学实践，付出辛勤劳动，却边写边丢，到退休时落得个“净身出校”，没有留下点什么，真是令人十分遗憾的事。

要成为学生喜欢的教师，必须有意识地从落实教学常规开始积累自己的课堂作品。因为一篇课堂作品就是自己成长路上的一块基石，一块又一块的基石铺就教师的成长、成熟、成功之路。

具体而言，积累课堂作品有如下意义。

一是反映教师的职业历程。

教师的职业历程从他进入中小学校门的那一天就开始了。可是，很多刚参加工作的青年教师缺乏这样的认识，加上教育行政管理部门和学校缺乏职业意识的教育，教师在自己的岗位上往往会惶惑很长一段时间，有时还表现出无从下手和不知所措。如果从教师入职时开始，就有组织或年长的教师提醒，注意收集自己的课堂作品，这些教师的职业之路会时时有惊喜和精彩呈现。

二是体现教师的反思精神。

反思精神是教师最为重要的职业精神，因为我们面对的教育对象是一个个活生生的人。要反思的地方很多，从教的方面看，教师自身的职业认同、知识储备、情感投入、教育方式方法等都要时时反思。从学的方面看，了解学生是前提。了解学生的途径很多，当面对话、书信交流、家访沟通……了解的内容包括家庭背景、学习兴趣与习惯、现有知识水平、爱好与特长……教师对所教学生心里有本账，工作起来就能得心应手。

三是表现教师的职业觉醒。

教师主动积累自己的课堂作品，即使不够完整、不够完美也能“敝帚自珍”，并经常拿出来阅读、思考。如果明白“学习的过程就是积累的过程”，明白“尺有所短，寸有所长”这样的道理，就会觉得自己的行动既有意思又有意义。因为这样做，能够不断夯实教育教学的功底，筑牢教师专业发展的基础，让自己有满满的获得感和成就感。这是教师职业觉醒的表现，也是教师职业自信的表现，有了这些表现，教师的眼界和心胸就会宽广明亮。唯有教师精神明亮，教育才能充满希望。

课堂作品的内容主要有以下几个方面。

1. 体现教师对教学内容的准确把握

要做到这一点，离不开教师反复研读课程标准和学科教材。课程标准是该学科的纲领性文件，教师工作的第一要务就是掌握该学科的性质、特点以及学习策略与路径。要做到这些，不是读一两遍教材就能实现的，需要下苦功、实功。熟读教材也是教师的一项基本功，只有对教材体系烂熟于心，对教学内容了如指掌，讲课时才能游刃有余。

信息时代，有的教师对研读课程标准和学科教材有所忽视。因为网上有关这方面的文章汗牛充栋，顺手拈来不费吹灰之力。不是说不能用网上的资源，就怕教师自己不思考，对教材还处于似懂非懂阶段，就一味用别人现成的东西，这样会妨碍自己的思维力发展和教学能力提升，久而久之，就滑向了“庸师”的行列。为了准确把握好教学内容，有必要倡导“裸读”“初嚼”，即在不参考任何资料的情况下反复阅读、钻研“课标”和教材，咀嚼出自己的独特感受，然后再去找与之相关的参考资料做补充，这样写出来的教案就是原汁原味的“这一个”，这是课堂作品中弥足珍贵的东西。

2. 体现教师对课堂教学的精心设计

教师在理解、掌握教学内容后，还要在教学设计上独具匠心，巧妙构思。这里的“心”“思”最能体现教师的思维水平和教学能力。因为教师掌握了不等于学生也已掌握，要把学习内容教给学生，教师必须费心思。要实现教材与学生的愉悦对话，教师就要在他们之间架设好一座桥梁，让学生通过这座桥梁轻松地走到彼岸。

好的教学设计虽然不能与好的教学效果画等号，但一定是好的教学效果的前提和基础。如果教师真正读懂了教材，把握准了教学内容，了解到真实的学情，然后再去做教学设计，相信这样的设计基本上是好的，如果好的教学设计能达到“人人心中所有，人人课上所无”的境地，那就是教学艺术了。作为艺术的教学设计也一定是好的课堂作品。当然，现实中并不要求所有的教学设计都要达到艺术的层次，只要是教师经过自己的努力获得的劳动成果就值得珍惜。

3. 反映师生在课堂中的情感与智慧

教育工作与其他工作的最大区别，是需要教师有情感的参与。一是教师阅读教材时需要情感投入，没有教师的情感投入，阅读就难以与教材产生共鸣，就难以获得浸润、熏陶的效果。二是课堂上依托教材与学生进行情感交流，在这里，教师启发诱导，让学生感受到教材中的情感，学生依情而动、因情有得，继而不断丰富自己的情感世界。

课堂上，按教师的预设往前走的课未免让人感觉平淡无奇。有出其不意的事情发生，意想不到的效果呈现，反而令人眼前一亮。遇到这些情况，教师不必慌乱无措，相反应该放手和珍视，因为有这种情况的出现可能让课堂呈现不够完美，但这是学生智慧的火花在迸发，它是常态课堂状态下的应有之义，产生的效果会超出教师的设想，值得好好记录，好好珍惜。

课堂作品应该围绕课堂展开。我从教学前、教学中和教学后三个方面把课堂作品分为三大类。

教学前，一是研读课标的心得，二是研读教材的体会、思考教学的设想。这两个小类都属于课前准备，是课堂作品的重要组成部分。

教学中，主要是课堂观察与教学后记，本书统称为教学札记。可以是观察他人课堂获得的体会，也可以是检视自己课堂中的得失。课堂之中，见仁见智，只要留心观察思考，必定人有文章可做。

教学后，主要是课例分析。它为课堂作品提供了丰富的材料，教师可以有意识地去积累自己成功或失败的课例。

一、写下自己解读课程标准的感悟

研读课程标准、学科教材和用心设计教学，是教师教研的起点和课堂作品的一部分，也是教育写作的起点。因为掌握好这些内容对于教师来说太重要了。可以这么说，一位教师没有掌握好课标精神、教材体系，犹如一个人站在沙漠里不知道方向，虽然不停地左冲右突，可始终没能找到走出沙漠的路。没有方向感的教师，他的教学一开始就会陷入茫然不知所措之中，结果只能是师生费力而不讨好，都无比无奈和痛苦，最终双方都对学习失去兴趣和耐心。

课程标准是教师从教的纲领性文件，要教好书育好人，必须首先学习好课程标准，了解其精神实质。可现在很多教师对所教学科的课程标准的理解基本上停留在读懂这个层面，即通过自学和他人（专家）辅导，对自己所教学科的性质、特点及教学中要注意的问题有所了解。但教师仅止于“读懂”或“半懂不懂”，思维层级仅止于了解或理解是不够的，必须上升到读通层级。

所谓“读通”，就是能以课标为依托，纵横捭阖、融会贯通，即在全面掌握课标精神的基础上，能够找到课标与教材的对接点和结合部，对教材来龙去脉（包括写作背景、材料出处、编者用意等）有清晰的了解。同时还能够找出教材的缺陷与不足，掌握目前所见资料中对教材的偏颇认识。“读通”，就是要跳出个人的“小心眼”，构建起一个合乎事实和逻辑的新的真实文本。

义务教育各学科课程标准从2001年颁行以来，2011年修订过一次，2022年4月颁行第二次修订后的课标。二次修订的课标出来后，有参与修订的专家和科研机构的研究人员出来解读最新版的变化和特点。

2022年4月30日，上海市教委在线举办了国家义务教育课程方案和课程标准培训启动会。华东师范大学课程与教学研究所所长、教授，义务教育课程方案修订组组长崔允漷在启动会上做了主旨报告《育时代新人，绘课程蓝图——义务教育新课程解读》。他谈到，此次的课程标准有四大突破：核心素养、学业质量、内容结构化、学科实践。

突破一，课程核心素养。课程核心素养是该课程育人价值的集中体现，指该课程在落实立德树人根本任务中的独特贡献，是学生通过学习课程之后逐步养成的关键能力、必备品格与价值观念。核心素养具有整体性、情境性、反思性。

突破二，学业质量。学业质量是学生完成课程阶段性学习后的学业成就综合表现。学业质量标准则是以核心素养为主要维度，结合课程内容，对学生学业成就表现的总体刻画，是所有过程评价、结果评价与考试命题的依据。

突破三，课程内容结构化。对课程内容的传统理解有两种：学科知识和活动经验，它们都倡导结构化，结果都不理想。现在需要寻找第三条路——作为课程内容的学习经验及其结构化。具体拿初中地理来说，2011年版的地理课程内容结构，将地球与地图部分分为世界地理、中国地理，下面再细分，基本上属于学科知识的结构。而2022年新的地理课程内容结构，不仅涉及学什么内容，还涉及怎样学、为什么学，这就是学习经验结构化的范例。

突破四，学科实践。此次提出的学科实践，就是学习“像”学科专家一样思考与行动，即在教学情境中，运用某学科的概念、思想与工具，整合心理过程与操控技能，解决真实情境中的问题的一套典型做法，如语文实践、数学实践、创意实践等。

学科实践也是育人方式变革的新进展。语文：从语文综合学习、语文探究到语文实践；科学：从科学探究到科学实践；历史：从历史探究到史料实证；地理：从地理探究到地理实践；技术：项目学习、工程实践，艺术：创意实践；思想政治：辨析／议题教学、社会参与。

各学科课程标准颁发后，学科领域里的专家也在相关活动中分享了学习后的心得体会。

2022年5月6日，北京师范大学教授郑国民在北京“学易教育”组织的公益直播中谈了他感受到的《义务教育语文课程标准（2022年版）》的主要变化：第一，这次课程标准的修订，很重要的一点就是凸显出价值的引领，也就是义务教育课程标准语文课程在立德树人、在学生发展的过程当中到底发挥什么样的价值和作用，特别是在我们所说的从学生的价值观、人生观和世界观的这个角度，到底怎样来给学生奠定一个基础。第二，义务教育课程标准修订的一个重要任务就是以核心素养为纲，以学习任务作为导向。以素养为纲的这样的一个课程标准，从课程目标、课程内容到课程评价，这样的一些设计我们到底怎么能够实现。第三，义务教育课程立足于学生的生活，立足于学生语文学习的实践。立足于学生的生活，不仅要立足于学生的学校生活，还要立足于学生的社会生活，也就是我们的义务教育强调义务教育课程的基础性和学生的生活以及社会紧密联系，强调语文学习是通过语文实践活动来完成的。第四，这次课程标准强调情境，特别是强调我们语言文字学习的真实的学习情境。

老师们可以迅速行动起来，将新、旧课标做比较研读，关注一些自媒体上发布的有关专家的解读文章，这对于自己的专业成长是很有帮助的。

二、写下研读学科教材的体会和教学设想

（一）研读好本学科现行教材

教师对教材深入钻研，犹如演员要熟悉剧本。它包括熟悉全册教材，掌握教材的知识体系，深刻理解每一篇章、每一课的内容，明确它在全册中的地位和前后的联系等。尤其是教师要认真分析教材中的核心知识，抓准重点和难点，找准训练点。如果能在知识点和训练点之间找到路径，就抓住

了课堂教学的主线，课堂教学的内在逻辑就清晰了，学生的认知就会变得简单起来。

可是，现在有很多教师在阅读教材时还停留在简单学习这一层面上。所谓“简单学习”是指教师以已有的经验去理解既定的教材，选择用过的方法。这样读教材止于对已存在事物的理解、消化和感受。因此，这样的阅读只能是一种简单的学习和吸收，甚至是一种重现和模仿。而我们倡导对教材要细读研究，虽然它也是以教材、学生、教法和教具等为对象，却不止于熟悉，而是将它们作为研究的对象，对它们做出某种程度的独立解释，形成个人的体验和认识。

以高一语文教材《荷塘月色》的备课为例：

假如一位教师先是反复阅读了《荷塘月色》这篇文章，达到熟练的程度，然后仔细翻阅多种教学参考书，从中摘录有关文本、作者和时代背景的文字资料，最后依据它们和学生阅读的实际，写成教案，完成备课过程。这位教师的阅读就属于简单学习型。

假如另一位教师，也熟读课文，翻阅现成的有关作者和时代背景的参考资料，但他并不以此为满足，同时阅读作者的其他散文，以把握作者的创作思想和散文风格。不仅如此，他还查阅《中国现代文学史》，从第一手材料中了解那个时代，并认真阅读文学史和《朱自清评传》中有关对朱自清的评价，以把握材料中记叙的事实和评价观点。此外，他还根据文章的写作年代翻阅那段历史材料，再进一步查阅近年来语文教学专业报刊上有关朱自清及其散文的最新研究成果。最后，依据阅读过的上述材料、学生的认知水平和接受心理，形成自己的心得体会，写成备课笔记或教案。这样的阅读就是研究型的。

从上面两种类型的阅读教材中我们可以发现，简单学习型仅仅将教参上的有关材料“下载”到自己的备课本上，然后在课堂上将现成的知识搬运给学生，这样，他的课不可能有宽度和厚度。因此，要提倡研究型阅读，让教师和学生在每一次的学习中都有新的收获。

苏霍姆林斯基说得好：“教师越是能够运用自如地掌握教材，那么他的讲述就越是情感鲜明，学生听课需要花在抠教科书上的时间就越少。”有关研究表明，目前教师的教学存在两种情况，一种是由知识走向学生，一种是由学生走向知识。前者表现为在细致地“加工”知识的前提下，在课堂上再现知识，将单位时间内完成知识的传递作为头等重要的事情，即“教教材”；后者表现为在仔细分析学生状况的基础上，引导学生去探索知识，使学生最终成为知识的真正拥有者，即

“用教材教”。

在研读教材方面，一些优秀教师为我们做出了榜样。

于漪老师在大学里学的专业是教育学，分配到中学教书但没有教育学这一学科，校领导安排她教语文。她没有畏惧和退缩，而是愉快地接受工作任务。从哪里入手做好本职工作呢？于老师就从“裸读”语文教材开始。她找来语文学科初、高中六年的教材，先不看已经在报刊上发表的课标、教材分析的文章和相关资料，而是老老实实一字一句、一段一篇地裸读，而且是反复读、边读边写，留下十几个笔记本的学习心得体会。这样一轮精读细研、融会贯通下来，对语文教材体系了然于心，教学上就可以少些“他信力”，走上讲台，全身都是满满的自信力。

小学语文老师支玉恒，被业界誉为当代基础教育领域的传奇人物。他的“奇”，奇在四十岁时由教体育改教语文并迅速成长，成为全国著名的名师大家。为什么他能在人才济济的小语界脱颖而出呢？一个关键的因素是他在研读教材上下了很大功夫，这使得他的课堂呈现常常能给人新颖感和获得感。

支玉恒曾谈到自己是如何钻研教材的。

一是细读一遍，抓住根本。

备课肯定要先读教材，但他初次接触课文时，并不多读，而是只读一遍。他读这一遍，是非常认真、非常仔细的。读完了，就合上书回忆，在回忆中抓取这篇教材给他留下的最深印象和最突出的特点。因为只读一遍就能在脑子里留下深刻印象的东西，应该就是作者浓墨重彩进行铺叙的，是文章的根本所在。抓住这些，就抓住了主干。

如《曼谷的小象》，读完后合上书一想，脑子里逐步出现了这些形象：曼谷郊外绿油油的禾苗，点缀着野花的草地，天空中不断变换着色彩的晨雾，一个漂亮的泰国妇女，一头乖巧听话的小象，一阵悦耳的铃声，一件友善助人的事情……所有这些，在他脑海中形成一幅和谐唯美的图景。真美啊！他不由得赞叹。于是，他意识到，作者把这么美好的东西都集中到一个并不复杂的故事中，就是要表达一种自然的美、生活的美、人性的美。一个“美”字是他对教材最重要的认识。有了这种根本性的认识，教学方法问题也就迎刃而解——抓住这个“美”，引导学生在充分读的过程中，寻找美、发现美、表现美、欣赏美、体味美、享受美，从而在学习语言文字的同时，培养学生的审美情趣和审美能力。

有了对教材的基本认识和教学的基本策略之后，打开书来再读。一是进一步印证已有认识，二是从教材的章节语句中了解作者对这些“美”是怎样具体表达的，体会蕴含在字里行间的情感。这样就准确地抓住了文章中最具表现力的语言文字，使语言工具与人文因素在教师的教学认知和教学操作中达到统一。

二是注重实质，简化课堂。

1. 举一反三。叶圣陶先生说：“语文教材无非是个例子，凭借这个例子能使学生举一反三，练成阅读和作文的熟练技能。”基于这一点，我们在语文教学中不能把对课文情节、内容的学习强调到不适当的程度。例如教常识性课文，当然应该让学生了解课文所介绍的知识，而更重要的是借课文学习语言、开拓思维。记叙性、文学性的文章，则不能只重故事情节、内容大意等，而是要通过对语言文字的诵读，推敲学习语言文字的运用（理解表达），体味语言文字所蕴含的情感、思想……所有这些，都需要在学习每一篇课文时由此及彼，举一反三。

2. 择要而教。一篇教材往往有许多可教的东西，但我们的教学却要在一定的时限内完成。这就决定了我们备课时必须对教学内容有所取舍。有所舍弃，才能保证重点任务的落实与完成。每一篇教材，我们教给学生的东西是“少”了一些，但我们在以后的教学中可以把曾经舍弃过的东西作为重点来教。这就是辩证法：没有暂时的舍弃，就没有长远的取得。择要而教，保证了课堂教学的初次性，提供了简化课堂的可能性，是我们钻研教材时必须要注意的问题。

3．扩大效果。教师备课，不能把自己的思考局限于眼前的一篇文章中，应该力求扩展本篇教材的教学效果，产生扩散效应。这也是一种举一反三。既能钻进去，又能跳出来，才能对教材有深透的理解。

4．精心设问。提问可以启发学生思维、突破教学重点难点。但有的老师的课堂提问却阻滞了学生自主的个性化的学习。原因出在问题设计上：问题太多，问题太滥，问题太浅，提问时机不好，没有启发学生质疑。阅读教学的根本，通俗地说就是指导学生在读书的过程中学会读书，即课标所讲：在语文的实践中提高语文实践的能力。有些老师在教学中太倚重于提问，这种满堂提问要减少数量，提高质量。

三是理清大序，随机调控。

有的老师为了使教学更有把握，把教学过程设计得非常细致。但是，教学设计只是上课前教师一厢情愿地对课堂教学进程的预设，不一定符合学生的实际，更不一定符合课堂教学进展过程中随时可能出现的情况。因此，笔者主张对具体的教学过程，教师可以只设计简单的几个大的步骤，即根据教材特点和大多数学生的学习水平，只设计出主要的教学步骤、训练方法和主干性提问，设计出主要板书，并据此写出切实可行的教案，而一些细节过程应该以教学的实际进展随机调控。因为教学活动是师生的双边乃至多边活动，教学对象是活生生的人，教师必须随时接收来自学生的反馈信息，从而机动灵活地调控自己的教学活动。

于漪、支玉恒两位名师大家有关钻研教材的经验非常值得老师们学习借鉴。按他们的方法去做，一定能写出有见地的教材分析文章。

（二）研读小学语文教材例文

◎写作背景

语文教材由教育部统编后，全国很多教师对这套教材进行了研读，写下了很多很好的文章。下面这篇文章的作者是位县区级小学语文教研员，她在做教研员之前有多年的教学经验，是当地小语名师。在拿到新教材后，她认真分析了统编小学语文教材的编排体例，联系自己所学的教育理论，以一个单元的学习内容为研究对象，告诉读者教材安排的习作单元与其他单元习作共同建构了习作训练系统，着力于提升学生的习作能力，而观察能力是习作的根本能力之一。作者提出了明确的教学建议："留心观察"这一习作单元的精读课文在处理和使用时，教师应多元解读教材，明确目标；教学内容要合理取舍，教学策略应精巧有度；灵活设计实践训练，注重迁移运用。

◎例文

小学语文三年级上册习作单元解读与教学设计

江西省南昌市青云谱区教研室　李玉华

统编小学语文三年级上册第五单元的主题是"留心观察"，这一单元的语文要素分别是：体会作者是怎样留心观察周围事物的；仔细观察，把观察所得写下来。如何借助单元所编排的内容促使学生养成留心观察、细致观察的习惯，提升学生的表达能力呢？本文将从教学目标的定位、教学策略的选取以及实践训练的设计三个维度阐述习作单元"教什么""如何教"的问题。

一、多元解读，目标定位要“精准”

教学目标是对预期学习结果的界定，是课堂教学的导向，也是评价教学效果的标尺。教学目标分为单元目标和课时目标，这里将着重阐述课时目标如何精准定位。

（一）解读教材的三个视角

1. 从编者角度，读懂习作单元的编排意图

本单元围绕语文要素，编排了两篇精读课文《搭船的鸟》《金色的草地》，以及《交流平台》《初试身手》《习作例文》《习作：我们眼中的缤纷世界》。从编排内容上我们不难看出，编者建构了“从阅读中体会‘留心观察’‘细致观察’的好处—梳理总结—尝试写出观察实践所得—借助例文，进行单元习作练习”的单元体系。编者为帮助学生完成有质量保证的观察习作铺设了一个学习轨道：从“发现”到“运用”，由“写片段”到“写整篇习作”，以及《交流平台》的梳理归纳，习作例文的从旁指导，环环相扣，缺一不可。

2. 从学生角度，了解学习困难，为制定教学目标提供依据

学生是学习的主体。编者意图是“应然”，学生的已

有学习起点是“实然”，学习困难就存在于“实然”与“应然”之间。

以《搭船的鸟》为例。教师解读教材时应思考：学生独立阅读能了解哪些内容呢？能否根据文中“冲、飞、衔、站、吞”这一系列动词想象翠鸟的捕鱼情景？能否发现作者是如何细致观察，并初步体会留心观察的好处……基于学生已有的学习能力，学生通过自主学习能初步了解课文内容，知道作者对哪些事物做了细致观察，能初步感受翠鸟的美丽以及捕鱼时的敏捷。但对加点字的关注与品析需要教师引导学生驻足思考，对“初步体会留心观察的好处”需要教师精巧点拨。

立足单元整体，学生在编者铺设的学习轨道中，又有怎样的困难呢？比如，学生发现了作者观察翠鸟的角度，初步体会留心观察的好处，是否能在生活中进行观察实践呢？是否能在《初试身手》中写出观察实践所得呢？

以上解读与思考，是站在学生的角度，梳理学生实际的学习困难，为教师进一步细化教学目标提供依据。

3. 从教师角度，为落实教学目标确定教学路径

基于以上的编者视角和学生视角，教师已然了解了

编者意图和学生的实际学情。结合维果斯基的“最近发展区”理论，立足教师的角度解读教材，就是在学生的“实然”与“应然”之间寻找有效的教学路径，引领学生从“初步体会细致观察的好处，养成留心观察的习惯”走向“细致观察，写出观察实践所得”。教师应以“教是为了学”的理念选用教学支架和教学策略，如运用观察记录卡，协助学生进行观察实践；通过阅读描写同类事物的观察类文章，帮助学生进一步体会细致观察的好处；现场观察，及时练笔，引导学生在实践中迁移运用……从教师的角度解读教材，应着力思考如何稳步落实教学目标。

（二）解读教材的两个维度

1. 纵向梳理，了解能力序列

观察能力是习作的根本能力之一，对观察能力的培养贯穿习作训练的始终。以本单元“留心观察”为立足点，三年级上册第一单元的单元习作《猜猜他是谁》，是对“人”的观察与表达；第六单元的单元习作《这儿真美》，是对“景物”的观察；三年级下册第一单元《我的植物朋友》，借助记录卡观察植物，练习把观察和感受写清楚；三年级下册第二单元《看图画，写一写》，观察图画，练习把看到的、想到的写清楚；三年级下册第四单元《我做一项小实验》，借助图表整理小实验的主要信息，练习把小实验的经过写清楚。后续年级还有相关训练。

2. 横向对比，确定“这一篇”的教学侧重点

横向对比的重要依据是课后练习题。通过解读课后题，并进行横向对比，不难看出《搭船的鸟》《金色的草地》虽然都承担了学习观察、表达的任务，但又各有侧重。《搭船的鸟》重在通过对翠鸟的外貌、动作所做的观察，感受“我”观察的细致，初步体会留心观察的好处。《金色的草地》重在通过草地的变化情况及原因，体会“我”观察的细致。

由此可见，两篇课文的教学侧重点之间又有明显的能力提升与进阶。

二、合理取舍，阅读教学需“精巧”

（一）教学内容提取要“精”

《搭船的鸟》一文，作者分别对雨、船夫、翠鸟的外形以及翠鸟捕鱼进行了细致的描述。在阅读教学中，这些观察内容是否需要面面俱到？叶圣陶先生的“例子说”

带给我们启发：教学内容的提取要“精”，只有“教得精准”，才有可能“学得充分”。

那么，如何取舍呢？仍然要立足学生的角度。

基于上述对观察能力的梳理不难发现，作者对翠鸟外形的观察与描写处于学生“现有发展区”，只需要引导关注、思考，学生就能了解翠鸟的颜色、羽毛、长嘴等外形特点。相比之下，翠鸟捕鱼的片段，需要教师引导学生品读一连串的动词，想象翠鸟捕鱼的情景，在感受翠鸟捕鱼敏捷、作者表达准确的同时，初步体会作者细致观察的好处。因此，翠鸟捕鱼片段是应该着力学习的部分。

（二）教学策略运用要“巧”

“当教学被当作一种简单的知识传递时，它便不能引发学习，甚至还会阻碍学习。”所以，在选用教学策略时应避免“知识灌输”“贴标签”“假探究”等“雷区”，选用的教学策略应服务于教学目标的有效达成。

美国著名的心理学家布鲁纳提倡广泛使用“发现法”，他说：“发现不限于寻找人类尚未知晓的事物，确切地说，它包括用自己的头脑亲自获得知识的一切方法。”笔者受该理论的启发，积极引导学生“用自己的头脑亲自获得知识”，具体如下。

1. 创设情境，出示对比素材

引导语：同学们，老师也看过翠鸟捕鱼的情景，也写了一个片段，请你们认真读一读，想一想谁写的更清楚？

（出示句子）翠鸟一下子冲进水里，不见了。可是，没一会儿，它飞起来了，红色的长嘴衔着一条小鱼。它站在船头，一口把小鱼吞了下去。

2. 学生通过对比发现，从动词中感受到翠鸟捕鱼的敏捷，并能感受动词使用的准确。

3. 朗读指导，想象翠鸟捕鱼的情景。

4. 进一步思考交流：作者为什么能把翠鸟捕鱼的情景写得如此生动，就像我们亲眼看见一样？

学生发言，感受细致观察的好处。

教学策略的“巧”，体现在能激发学生思考的主动性。“教给学生能借助已有知识去获取知识，这是最高的教学技巧之所在。……使学习成为一种思考的活动。”当学生的“发现”是积极思考的产物，而不是需要死记硬背的概念，才能在实践运用中发挥作用。

三、迁移运用，实践训练应“精要”

儿童在学习中遇到困难的原因之一，就是知识在他们那里常常变成了不能活动的“货物”，积累知识好像就是为了“储备”，而不能“进入周转”，对知识没有加以运用。对“留心观察”的习作单元，实践尤为重要。这里的“实践”有两个指向，一是指向“阅读实践”，二是指向“表达实践”。

（一）围绕教学侧重点整合资源，进行阅读实践

整合资源广泛阅读，是为习作表达服务的。叶圣陶先生说过，单凭一部国文读本，是够不上说反复的历练的。所以必须在国文教本以外再看其他的书，越多越好。应用研读国文教本得来的知识，去对付其他的书，这才是反复的历练。因此，单凭《搭船的鸟》《金色的草地》两篇文章的学习，学生对留心观察、细致观察的体悟是浅表化的、概念化的，需要在阅读实践中反复历练，不断深化认识，才能服务于观察实践、表达实践。

比如学习《搭船的鸟》之后，带领学生阅读郑振铎的《鸬鹚》一文。作者对鸬鹚的外貌、鸬鹚和渔人捕鱼的动作进行了细致观察和描写。该素材能帮助学生根据一系列的动词想象鸬鹚捕鱼时的情景，促进学生进一步

体会细致观察的好处。

再如学习《金色的草地》之后，带领学生阅读吴然的《梧桐树》一文。引导学生关注作者对梧桐树哪些部分进行了细致观察，思考不同的季节，梧桐树的树叶有怎样的变化。通过拓展阅读，学生再次通过“景物的变化”感受作者细致的观察，促进学生养成留心观察的习惯。

以上列举的拓展阅读篇目，都直指精读课文的教学侧重点，帮助学生进一步体会细致观察的意义。同时，还通过课外阅读加强语言“输入”，丰富语言形式，为学生的习作表达奠定了基础。

（二）迁移运用，从观察实践走向习作表达

习作表达是本单元学习成果的主旨。迁移运用是将观察所得转化为语言表达的重要活动形式，是学生从观察实践走向习作表达的关键环节。

表达训练的形式分为口语表达和书面表达。基于“留心观察”单元的特殊性，应在学生的“观察”与“练笔”之间搭建口语表达的支架。如在学习《金色的草地》之后，布置学生选择一种事物进行细致观察，借助观察记录卡记录事物的变化。学生对所观察的内容是否能直接转化为语言文字进行书面表达呢？笔者在处理时设计了“按照观察记录卡分享事物变化”的口语表达练习，通过独立介绍、组内分享的形式，帮助学生进一步梳理“变化”的顺序、“变化”后的特点，帮助学生把观察所得从“说清楚”走向“写清楚”。

表达训练可以设计在精读课文教学、观察实践、初试身手、单元习作的全过程中。

1. 表达实践安排在精读课文教学中

笔者在教学《搭船的鸟》中翠鸟捕鱼片段之后，顺势总结：作者对翠鸟捕鱼时的动作进行了细致的观察，并用一连串的动词把翠鸟捕鱼的过程写清楚，让我们仿佛亲眼看到翠鸟捕鱼的情景。接着出示一段金鱼在鱼缸里活动的短视频，通过放慢镜头，让学生进行现场观察，指导学生关注金鱼的动作。此时，笔者并没有急于让学生动笔写，而是组织学生围绕“金鱼是怎样活动，怎样进食的”进行交流。当学生对金鱼的动作模糊不清、说法不一时，再次播放视频，让学生进行二次观察，再次交流。随后，再让学生把自己的观察所得写下来。

这样的设计不仅仅着眼于完成金鱼活动的片段描写，更重要的是在学生反复观察与交流中，体验什么叫细致观察，以及如何进行细致观察。如果说学习课文能让学生初步感知细致观察的好处，那么，此处的训练则是在实践中更深层次的体悟。

2. 表达实践安排在课堂教学之外

要使学生课内获得的观察方法、写作知识不变成“不能活动的货物”，就要创设新的情境帮助学生将这些知识或认识“不断运转”，进行实践运用。因此，教师应组织学生在日常生活中及时捕捉事物，进行细致观察。积极创设习作表达的真实情境，让学生保有兴趣地观察与表达。有效做法之一是结合综合性学习开展研究性学习，让学生在任务驱动下积极地观察与表达。

综上所述，教师在使用习作单元展开教学时，应“以终为始”，以单元目标为导向，通过多元解读教材，做到教学目标精准定位；通过合理取舍教学内容，做到习作单元的阅读教学精巧有度；通过迁移运用，做到实践训练精要有力。

◎点评

好的教材解读和教学设计是课堂教学的纲领，它能够清晰地反映教师对课标、教材的钻研程度和对学生的了解程度，能够让课堂教学流程扎实而明快。

教材解读与教学设计应该关注以下几个方面。

一是学习的兴趣点。教学中能否最大限度地调动和激发学生学习的主动性、参与性，一定程度上取决于我们在备课时是否找到了学生的兴趣点，是否有意在设计、利用这个兴趣点。

二是问题的关键点。这就要求教师在钻研教材时，清楚地把握核心问题是什么？解决核心问题的关键点是什么？突破点在哪里？

三是思维的障碍点。课堂上学生思维受阻的地方，恰恰应该是教师用力的方向，是教师精心指导和巧妙点拨之处。

四是能力的提升点。教学实践时教师需要关注学生的能力培养，需要深度思考通过什么样的途径、方法来培养，用什么样的高质量的问题来引领，创设什么样的情境来诱导，而不是仅仅将关注点放在习题的选择和知识的落实上。

这篇文章抓住了上述所说到的几点，从整体上解读了教材编者的意图，并从一个习作单元入手，分析了教材的重点和学生学习的痛点，从目标定位要“精准”、阅读教学需“精巧”、实践训练应“精要”三个维度具体阐述，告诉教师面对这样的编排应该教什么、如何教。全篇行文规范，论述透彻，举例精当，对一线教师的教学很有指导意义。

练笔建议

1. 整理出一篇解读教材的文章，既要有教材内容分析与归纳，又要有清晰的教学设计。

2. 从已有的教案中选出一篇教学设计做必要的修改和补充。

第2课

采撷课堂上的智慧火花

——教学札记的写作

一、什么是教学札记？

教学札记主要指观察他人课堂教学后写下的心得体会，包括课堂观察和教学后记等，它是课堂作品的重要组成部分。长期以来，围绕课堂教学，教者尽力而为，观者见仁见智，有关好课的要素、标准众说纷纭。可有一点值得庆幸，没有哪位教师夸下海口说自己的课是最好的。在这点上大家有一个共识：没有最好，只有更好！学生学得愉快、扎实，得到发展的课就是好课。这为我们观察、研究课堂提供了莫大的空间和可能。的确，一千个教师就有一千个式样的课堂，据此我们可以从不同的角度写出一千篇教学札记之类的文章。

二、怎样进行课堂观察？

写教学札记从观察课堂开始，要做好这项工作，可以从以下几个方面着力。

（一）关注两个维度：教师和学生

1. 从教师的维度观察

看教师的精神状态，是精神饱满还是萎靡不振，是聚精会神还是心不在焉；看教学准备，备课扎实还是“拿来”凑数，过程流畅还是硬拉死拽；看课堂表现，是遵循学科学习规律还是以自己的经验强加，是积极引导还是应付了事。

2. 从学生的维度观察

看是否在积极思考，进入“小脸涨红、小手高举、小嘴嚷嚷”的境地；看是否在真学，时而不懂就问，时而议论纷纷，时而满脸喜悦，时而疑虑重重。观察课堂更多的应该从学生学的维度去审视，这样更符合学习的本质。我曾观察过多个学科、很多教师的课堂，发现多数课堂中有“小组合作学习”这一形式，但都是从学生之间的分组合作出发来设计的。按照新课程理念，教师是“首席学习者”，课堂中应该把自己融进学生之中，和他们一起学习、活动。面对教师忽略的现实，我写下一篇课堂观察《合作学习不止于学生之间》，提示教师在合作学习这个环节自己也要参与其中。

3. 观察课堂中师生关系的融洽度

许多事例证明，一个学生首先爱上学科教师，然后才会爱上这门学科。因此，课堂上的教师面对学生的如花面容，切不可端着架子、板起脸孔说话，让学生感受不到老师是他们的“同路人”。我曾写下一篇题为《教学中如何化“隔”为“融”——谈课堂中师生关系的调控》的短文，提示教师们课堂教学不能仅仅是技术，还应该是一门值得将终生的精力和智慧投入其中的艺术，一个在教学中超乎技术而达到艺术层次的教师，一定是学生喜欢的教师。

（二）选择三个视角：课前、课中和课后

1. 课前视角

主要关注教师课堂学习目标的设定是否从多方面考虑：一是教材的要求。教材学习要求不能光看教材本身，还要看与教材相关的单元提示语、教材后的思考题等构件，这样做便于整体、准确把握学习要求。二是学生的实际。学生的学是课堂教学的出发点和归宿，了解学生的知识水平、兴趣习惯等因素是确定学习目标的前提。关于学习目标的设定，我曾写下《弱水三千只取一瓢饮》的短文，分析当前课堂学习目标存在过多、过大和过虚的情况，提示教师唯有真正走近学生，确定的学习目标才能真正实现。

2. 课中视角

主要关注教师预设的落实情况和课堂中师生智慧火花的生成形式。预设是教师对整堂课的设计安排，主要看课堂流程是否随着教师的点拨、引导走，是否流畅。再优秀的教师也不可能对瞬息万变的课堂考虑周全圆满、滴水不漏，因此，就有了课堂生成这一现象的发生。面对跳出预设框架、不断凸显的生成情况，教师不要慌张，不能打压，而要及时调整教学流程，尊重、点赞并记下这些即时生成的智慧火花。现在教学条件得到根本改善，绝大多数学校都装上了电子白板，这给我们教师的预设提供了展示空间，可是，白板两旁的黑板却不受待见了，经常是空空如也地竖在那里无人问津。我观察到这一情况后写下《热闹的白板与寂寞的黑板》，提醒教师要及时把课堂上师生生成的智慧火花展示在黑板上。

3. 课后视角

重点关注教师是否有及时补救意识和学生是否有良好的学习习惯。有经验的教师会在课堂上以教材为依凭，根据自己课前的预设领着学生的思维向纵深发展，当学生的思维跟不上或超越了教师的引领时，会及时矫正与补救，让学生一步一步登上思维的高地，并能将这种矫正与补救视为珍贵的经验好好记录。作为课堂观察者，不仅要看学生是否“学会”，还要看他们是否“会学”。“会学”主要看教师是否有培养学生良好学习习惯的意识。比如你观察语文教师的课堂，就要看学生在学习过程中是否有圈点勾画的习惯，是否有摘录好词好句和做笔记的习惯。

（三）盯住以下四个要素：学科特点、课堂语言、问题质量、反馈与检测

1. 学科特点

每个学科都有自身的学习规律，作为学科教师，首先要明白并掌握好自己所教学科的规律。做不到这一点，学习中师生都会感到困难重重、痛苦万分。现实中确有一些教师没有意识到这些，经常用教理科的方法和策略去教文科，结果肯定是事倍功半。那么，语文学习的规律是什么呢？古人有言在先，“书读百遍，其义自见”“旧书不厌百回读，熟读深思子自知”“熟读唐诗三百首，不会作诗也会吟”。这些认知现在简单点说就是多读多写，学术一点说就是精读博览，勤

写多练，就是反三归一、质从量出。因此，语文课堂就应该书声琅琅。了解了它，学习语文就能够沿着正确的道路走下去并获得事半功倍的效果。

2. 课堂语言

教师的课堂语言是否规范、简明和得体是我们观察的一个点。有的教师在课堂语言上随意性太强。20世纪国门打开之时，一些教师在课堂上着意模仿港台电影电视剧人物说话的腔调，让听课的人感觉浑身不自在。针对这种现象，我曾写过一篇《课堂勿用港台腔》的课堂观察短文，对有这种腔调的教师提出了批评。近年来观察课堂，发现有的教师和学生互动时用“官腔”，比如小组合作学习后叫学生起来回答问题，老师说：“××同学，请你起来向大家汇报一下。”我以为此处“汇报”一词用得欠妥。汇报，那是行政单位下级向上级报告有关情况，课堂上，教师和学生、学生和学生都是平等的存在，不能用“汇报”而应该用“分享”。我把这个看法写成短文《汇报还是分享?》。

3. 问题质量

现在很多教师注意在课堂中以问题为导向，但设计的问题需要质量。这里的问题质量应该包括两个方面的内容：是否是教材的重点，是否是学生的痛点。如果没有顾及教材与学生，只是教师的“臆断”，变“满堂灌”为“满堂问”，肯定会影响教学质量。曾听一位语文教师上艾青的诗《我爱这土地》，教师预设了4个问题：（1）这是一只怎样的鸟？（2）为什么要是一只鸟？（3）到底这是一只什么鸟？（4）为什么只能“假如我是一只鸟”？学生通过朗读、讨论后比较好地回答了前两个问题。可面对“到底这是一只什么鸟”这个问题时，回答就五花八门，甚至答非所问了。

笔者认为，这是问题本身存在问题之故。既然前面了解到诗歌多用“意象”手法，而意象就是客观物象经过创造主体独特的情感活动创造出来的一种艺术形象，多数时候它呈现的特点是给人一种朦胧的美感。艾青在诗里以“鸟”为意象，也就有一种说不清道不明的感觉在里面，所谓“此中有真意，欲辩已忘言”是也。而教师非要让学生来个“水落石出”，自然是不讨好之举。况且，让一群初中学生弄清楚“到底这是一只什么鸟”也超越了他们的认知。课后，我写了一篇《你设计的问题为什么最终还是问题》的课堂观察。

4. 反馈与检测

指导学生完成学习任务后，有经验的教师往往会来一个“回头看”，以期了解学生是否真正学懂弄通。课堂上的及时反馈与检测可以比较好地落实面向全体的教学原则，也可以从中发现问题并采取相关措施。课堂上有没有这个环节、最终效果如何，听课教师肯定有自己的判断，在议课时提出来或课后写成课堂札记，相信对教者和听课者都有好处。

课堂观察的写作没有固定模式，可以选择课堂中的一个或几个点进行观察、分析和研究，提出自己的看法，有话则长，无话则短。宋代程颢有诗云："万物静观皆自得，四时佳兴与人同。"只要用心观察，积极思考，及时记录，你肯定会越写越丰富，成长看得见。

三、教学札记的内容

下课铃响过，当我们走下讲台走出教室的时候，用心的教师肯定有很多感慨：这节课哪些地方做得好，哪些地方做得有欠缺，哪些地方还出现了意想不到的结果……如果这个时候你能坐到办公桌前迅速把反思的结果记录下来，那是再好不过的事。

教学札记可以从以下五个方面去反思和记录。

1. 总结精彩

学习目标设置得当，课堂步骤明晰流畅，问题讨论恰如其分，学生的学习兴趣和学习习惯得到培养，学生们在课堂中一直处于兴奋状态，师生都有一种享受课堂的滋味。这就说明课堂是成功的。总结精彩可以面向整堂课，也可以抓住其中某个表现突出环节，把这个环节详细记录下来。

2. 反思败笔

有时教师课前做了大量的准备工作，可课堂上学生并不买账，对你的辛勤劳动表现冷淡，教与学呈现“两张皮”的状态。这就要反思了，你的准备是没有抓住教材的重点还是没有戳中学生的痛点？面对学生“跟不上”或“不愿跟”的情况，你是如何调整教学内容和步骤，最终让学生有所得的？这些都可以记录下来。

3. 采撷火花

课堂学习中，针对某个问题，因为教师启发、点拨得当，学生的学习兴趣被充分激发起来，思维的波涛一浪高过一浪，智慧的火花一束又一束被点燃。这样的场景相信很多教师都碰到过，并被这样的场景感动过，因为它体现出课堂的价值和教师自身的意义。如果对这样的场景视而不见、听而不闻，那就太可惜了。

4. 实录机智

教学机智是事前师生都没有预设到的、在课堂中即时生成的、看似偶然其实必然的智慧。一个不肯放手、处处都想着拽学生走的教师，他的课堂难有机智呈现。只有教师具备民主平等的意识，课堂中才会时时凸显教学机智，因为人的聪明才智只有在宽松的环境里才能发挥出来。及时记录课堂中师生迸发的机智，你会觉得太阳每天都是新的。

5. 品味心得

现行的各学科教材都是按照章节、单元形式呈现学习内容的，我们教学一个章节、一个单元后，回过头来看自己和学生走过的路，肯定有很多心得。从整个章节、单元出发，或选择其中某一个点来反思，找出亮点或不足，对自己是一个提示和警醒，这是一件非常有意义的事。

四、教学札记的形式

教学札记的形式可以不拘一格，归纳起来，可以有以下几种形式。

1. 经验归纳式

对自己的整体教学设计或课堂中的某个知识点，教师感觉教得很成功，学生学得很舒坦，这就可以作为经验加以归纳总结。要以某一教材里的具体内容为依托，有的放矢地总结，不可泛泛而谈、不着边际，让人不知所云。形式当然以一篇或多篇文章呈现最好，还可以是条文式呈现，以总结到位、给人启发为佳。

2. 失误纠正式

总结经验好说，反思自己课堂上的失误则需要勇气和实事求是的态度。正因为教学也是一门遗憾的艺术，任何一位教师的课堂都会有这样那样的失误存在和遗憾发生。渴望成长的教师要正视课堂不足，在后记中真实地再现不足，并想方设法找到纠正这些失误的方法、策略和路径。

3. 片段旁注式

教学后记主要是写给自己看的，教学中在哪个节点上出现了问题，教师可以就在备课本上记下这些问题，以此提醒自己注意。我们看很多名师、骨干教师的备课本，就会发现他们喜欢这种在教案旁做批注的形式，在本子上密密麻麻写满相关文字，因为这样可以做到及时提醒自己、即时改正错误。

4. 案例点评式

教学中确实存在太多的不确定性，碰到群体或个体呈现的教学案例，教师不要置之不理，而要把它们作为珍贵的资源加以利用。拎出课堂中成功或失败的案例，详细地加以分析、研究，能够写出有见地的文章，很多教师就是在这样的行动中不断成长的。

5. 困惑征解式

困惑与思考是一对孪生兄弟，有困惑就会有思考，思考之后又会有新的困惑。在这种“困惑—思考—再困惑—再思考”的循环往复中，用心的教师会放下身段、拉底姿态，就一个章节、一个单元教学中的一些问题或写成文章，或列成条文，虚心向同行请教、学习，在这个学术交流过程中，成长悄悄发生，成熟不期而遇。

五、教学札记的写作要求

1. 贵于及时

很多教师走下讲台后，情绪状态很兴奋，感觉这堂课有可记之处，但走出教室后被其他的事情缠住，只能放下手中的备课本和脑子里的想法应付其他事去了。等忙完其他事后再来回忆之前的课堂，“此情可待成追忆，只是当时已惘然”，一切都成了模糊不清的影像，无法还原当时的情境了，拿起的笔只好放下。错过了极好的撰写文章的机会，这不得不说是莫大的遗憾！因此，及时记录非常关键。

2. 勤于查阅

很多学校领导也意识到写作教学札记对提升教师素质、提高教学质量的重要性，在业务检查中对这项工作有明确规定。一些教师为了完成规定动作，敷衍了事。这种做法必须纠正。教师要明白教学札记不仅仅是应付学校的检查用的，更重要的作用是给自己看的。因此，不能写过之后就束之高阁，而应该经常翻阅，这样才能真正发挥教学札记对自己教学的提示和警醒作用。

3. 善于论事

教学札记不是单纯地记录下课堂中发生了什么，更重要的是分析为什么会发生这样的情况，研究事情出现的前因后果，并由此挖掘出问题背后的问题。或将课堂中的问题置于大的教育背景之下去分析，从理念、行动诸多方面去论述，留下可资借鉴的经验和应该避免的失误。这样去写札记就会感觉有东西写，每写一篇都感觉自己在进步。

4. 勇于反思

反思是教师的良好职业品质。教学札记就是反思札记。面对课堂，教师可以从课前、课中和课后几个角度去反思，也可以从教与学的维度去反思。反思是为了把课上得更好，因此，教师必须具备真诚、勇敢的精神，不要怕揭短，不要怕失败，失败是成功之母，唯有正视不足，无惧失败，才能不断成长。

5. 功于坚持

这是非常重要的一点。有不少教师明白写教学札记的作用，可就是难以坚持写下去。往往听一次名师讲座后，热血沸腾，拿起笔来写一两篇，出示给同行或报刊后没有反应，就泄气了。如此三天打鱼两天晒网，收效肯定甚微。持之以恒、久久为功，是写作教学札记必须遵循的原则。

教育名家、新教育实验创始人朱永新老师二十年前就提出一个“朱永新成功保险公司”计划，要求教师用心记录教育教学生活，每天最少坚持记录一千字，坚持十年，保证成为一名优秀的教师。华东师范大学终身教授叶澜曾说：“一个教师写一辈子教案难以成为名师，但如果写三年反思则有可能成为名师。”两位老师都说到了写作教学札记对教师成长的重要性，也强调了坚持这样做的功效。

六、教学札记例文

（一）教学札记例文一

◎写作背景

因为热爱，所以执着。我虽然做基层教育行政干部多年，但始终以走进教室听课、与教师们交流为乐。而每次走进教室，总有新的发现。这次走进一所小学的课堂，发现教师在课堂上和学生交流的语言很随意，很多时候是脱口而出不假思索的。当然，教师对学情有了解与掌握，与学生有良好的感情基础，相互间说话随意点也是无可厚非的。可有些教师的课堂语言值得探讨，于是写下这篇短文，它可以看作是失误纠正式教学札记。

◎例文及点评

“汇报”还是“分享”？

用亲历的事实开头，说明要讨论的问题来自教学实践中，不是作者杜撰的。

一次，去一所小学听四年级的语文课，教师在引导学生亲近文本后，抛出一个问题，要求学生小组讨论。三分钟后，老师叫起来一位学生：“××同学，请你向全班同学汇报一下你们小组刚才讨论的结果。”我以为自己听错了，教师让学生“汇报”？直到学生起立说道：“我向大家汇报我们小组的学习情况。”我才确信教师和学生刚才在交流过程中使用了“汇报”一词。

用简洁的文字说出这个教学事例有讨论的必要。

教师和学生此时此刻用“汇报”一词错了吗？乍一听，好像没有错。可仔细分析，又觉得师生在课堂交流时用这个词有失偏颇。“汇报”一词，多用于行政部门下级就有关材料、相关工作向上级报告。教室里，教师和学生是上下级关系吗？没有人会确认是这种关系，因为我们主张师生的人格是平等的，唯有平等的师生关系，真实的教育才会发生。既然师生关系是平等的，同学关系就更不用说了。在这种平等关系下，双方交流时用“汇报”就不妥了。

也许有人会说这是小题大做，不就是一个词、一句话吗？有那么重要吗？值得口诛笔伐吗？古人云：言为心声。笔者以为，教师在课堂上的语言彰显他的价值取向，语言中流露出的等级观念是千百年来官本位意识在人们脑海里根深蒂固的结果，教师一句“汇报”在前，学生一句“汇报”紧随其后。为什么官本位意识在当代国人的心目中驱之不去？因为很多人在自己的中小学课堂上就受到这种意识的灌输和渗透，让这种意识代代相传，这绝对不是一件小事！

联系国际教育的要求和目前我国教育的实际，进一步说明这个问题有讨论的必要。

记得多年前读到联合国教科文组织发布的一个报告《学习：内在的财富》(《德洛尔报告》，1996年)，报告一再强调：所有的有组织的学习都应该给予“四大支柱”同等的重视。一时间，“学会求知、学会做事、学会做人和学会共处”的声音在我国中小学校园里飘荡。二十多年过去了，新一轮基础教育课程改革也已经有十几年之久，可“四大支柱”仍在那“支撑”着，还没有很好地在中小学校园里落地，以致当前的教育受社会各界诟病很多。其中的“学会共处”强调将来的新人再也不能只有独占意识而要有分享意识。且分享不仅是指物质层面的，也包括了精神层面的。回到上面说到的课堂中，当教师组织好小组学习，让每个组派代表出来展示学习成果时，教师如果能这么说：“请××同学代表一组分享他们组讨论交流的成果。”不是很好吗？有一句话是这样说的：“如果你有一个思想，我有一个思想，彼此交换，我们每个人就有两个思想，甚至多于两个思想。”这不正是分享的力量吗？

我还碰到过这样的案例：教学过程中，当教师讲述完某一段落或某个章节后，问学生：“你们听明白了吗？”在说这话的同时辅之以伸出食指指向下面的学生。学生看到教师的手指指向自己，急忙怯怯地回答：“听明白了。”初听这些话，初看这样的场面，感觉不出有什么问题，这是教师及时反馈呀，有什么问题呢？仔细想想，“你们听明白了吗”这句话是有问题的：教师这般居高临下地发问，一则话语中反映的是教师为主体而不是学生为主体的思想，话语中虽没有明显指责学生的意思，但我们依旧能感受到教师并没

由此及彼。联系之前在课堂中碰到的教师言语案例，说明教师的课堂语言绝非小事，而是教师教育理念的呈现。

有把学生放在心中；二则暗含着推卸责任的潜台词：我是讲明白了，我的责任完成了，你们听没听明白那就是你们自己的事了。

一个优秀的教师总是会自觉地反思自己的言行。在另外一个课堂里，面对同样的教学流程和场景，我听到老师这样问学生："我讲清楚了吗？"我当时情不自禁地在课堂上就为这位教师竖起了大拇指。这话说得太好了！"我讲清楚了吗？"短短六个字体现出这位教师的教育态度和反思精神。这位教师没有去追问学生是否听明白，而是面对学生，具有平等意识，自觉把自己当作学生中的一员，实时做自我反思。学生听到教师这样的话，脸上洋溢着欢喜，心中充满着敬佩。

结尾总结陈词：提醒教师的言行都要指向学生的学习兴趣、方法和习惯。

从以上两则事例可知，教师在课堂上用什么样的语言和学生交流，真不是一件小事。它直接体现出教师的价值取向、教育态度和反思精神，也会影响学生的情感、态度和价值观。教师真正做到以人为本、以学生为主体，他的课堂语言就如春风、似甘露，能让学生在如坐春风里、如饮甘露中保有浓厚的学习兴趣，掌握切实的学习方法，养成良好的学习习惯。

（二）教学札记例文二

◎写作背景

教师走进教室，如果能对每天课堂上发生的一些有意思、有意义的事情做一番思考，肯定会觉得有很多可以记录下来的东西。贲友林老师是一位小学数学教师，教学中，他勤于观察、善于思考，把课堂上师生互动时生成的智慧记录下来，积少成多、集腋成裘，在报刊上发表了很多有见地的教学札记，年纪轻轻就出版了专著《重新认识课堂》。

贲友林的这篇《学生也可以是“供题者”》，就是一篇从课堂中来，可读性和启发性很强的教学札记。作者截取小学数学学习中“平行四边形的面积”一课的片段，详细地记录了整个学习过程。在这个学习场中，学生的主体地位、教师的主导作用展示得淋漓尽致。教师由此总结出这样做的三点好处，给人启发。到此，也是一篇比较完整的教学札记了。可贲老师的反思不止于此，他进一步思考：让学生成为“供题者”可行吗？贲老师告诉我们，如果教师将自己定位为学习的组织者、引导者、促进者，这个事情是完全可行的。这样一来，使得文章内涵更深入了一步，指导意义也更大了。

◎例文

学生也可以是“供题者”

江苏省南京市玄武外国语学校附属小学　贲友林

这是“平行四边形的面积”一课的教学片段。

课前，教师组织学生自主学习有关平行四边形面积的内容，且让学生选择一道有关平行四边形面积计算的题目并解答。

课中，在交流了平行四边形的面积计算公式及其推导过程与方法之后，教师邀请学生展示他们选择的题目。

一名学生展示了题目：“一块平行四边形的玻璃，底是50厘米，高是70厘米，它的面积是多少平方厘米？”在学生交流了这道题目怎么解答之后，教师说：“这是应用平行四边形面积计算公式解决的一道基本题。其他同学所选择的题目要有一些变化。接下来请大家交流有变化的题目，并将它与这道基本题进行比较，变化在哪儿，又有什么联系。”

另一名学生展示了题目：“一个平行四边形的面积是480平方分米，它的底是60厘米，则高是多少米?”有学生分析：“这道题目和之前的不同，原来是求面积，现在是求高。”又有学生接着分析：“两道题目也有联系。原来的基本题是已知底和高，求面积，是把平行四边形的面积计算公式正着用的；这道题目是已知面积和底，求高，是把平行四边形的面积计算公式倒过来用的。”还有学生补充：“这道题目的单位有变化，要注意。”

又一名学生展示了题目：“一个平行四边形的停车场，底是63米，高是25米，平均每辆车占地15平方米，这个停车场一共可停多少辆车?”有学生分析：“这道题目比基本题多了一个条件。”还有学生指出：“基本题是一步解答的，这道题目是两步解答的，即在求出平行四边形的面积之后，再求停多少辆车。”

这时，一名学生举手自荐她的题目：“我的题目也比基本题多了一个条件，但解答还是一步的。”这名学生展示她选择的题目：“一个平行四边形相邻两条边的长度分别是12厘米和8厘米，已知其中一条边上的高是10厘米，求这个平行四边形的面积。”其他学生读题、比较、分析……

回看这一教学片段，我们发现，它与以往数学课堂相似之处是呈现了一道道数学题目，学生分析解答；不同之处是呈现的题目是由学生提供的，而不是由教师提供的。从课堂上学生的表现来看，他们更为活泼与踊跃，一个个争先恐后地要把自己的题目拿来与别人分享。

课堂上，教师提供练习题目，学生遵照安排进行练习，这样的场景我们太熟悉了。不过，这样的方式，教师统得过死、牵得过多，学生亦步亦趋，个性受到了压抑，渐渐地就成了“圈养动物”，失去了自己“觅食”的能力。

课堂的改变源自教师教学方式的改变。上述教学片段中，教师所做的改变是让学生提供题目，并进行自主练习。这样的改变，对学生来说有以下价值。

一是增加了练习内容的选择性，提高了学生学习的积极性。以往教师出题，全班学生练习的题目完全相同。让学生提供题目，改变了这一格局，学生拥有了练习的自主权，变被动等待为主动参与，从而释放出学习的激情与能量。

二是丰富了练习的方式，提高了思维的含量。当下，练习题类的教辅品种繁多，鱼龙混杂，但我们不能说所有的题目都是粗制滥造的，总有一些“好题”需要慧眼识别。课堂上，练习的题目从何而来？是学生自己从若干题目中选择出来的。我们要认识到，解答题目是练习，选择题目也是练习。因为在选择题目的时候，学生也就思考了这道题目考查什么，怎么分析，要注意什么。无疑，这些都是练习过程中不可或缺的思考。练习不一定都要动笔写出来，动脑才是练习过程中更需要强化的。

三是在题目呈现、交流的过程中促进了学生的深度学习。课堂上，组织学生分享各自选编的题目，学生既是资源的创生者，也是资源的受益者。他们在比较、辨析、沟通、交流等活动中获得了更大的发展空间。除了对如何解答题目进行常规式分析，还可以组织学生就所选的“好题”做进一步分析：题目好在哪儿？学生提供的不同题目之间是否有联系？倘若学生提供的题目有“漏洞”，还可以组织学生辨析，发现“漏洞”，并思考、交流如何“打补丁”。比如上述教学片段中，学生分析了题目是如何变化的、题目之间的联系是什么。如此，学生对所练题目的结构与特征的认识就更深刻了。

这样的改变增加了教学过程的开放性以及教学结果的实效性。练习的题源与过程，从依靠教师一个人变为依靠全体学生，所有学生都被发动起来，创造性地展开自主学习。我们要相信一个班级学生群体的力量远远超过教师一个人的力量。因此这样的教学依靠了学生，发展了学生。

现在的问题是，这样的改变可行吗？也就是说，让学生做“供题者”能实现吗？

在学习的过程中，学生能做什么？可以做什么？教师首先需要思想上的解放，即打破“历来如此”的思维樊笼，继而更需要行动上的摸索、反思、调整与再实践。让学生做“供题者”，教师要做一个组织者、引导者、促进者。

组织，即设计与安排学生“找题”的学习活动，放手让学生自己去找题，并在这个基础上让学生改题、编题。

引导，即对学生“供题”的学习活动进行必要的指点。在教学过程中，可以引导学生分析他们所选的题目，用具体的案例让学生认识到，那些容易出错的题目，看似很难其实不难的题目，和另一道题目看似很像其实有较大差异的题目，解法十分多样的题目，解法特别巧妙的题目，还可以变化、改编的题目，一看感觉不会、有挑战性的题目，就是我们要供给全班交流、研讨的好题。

促进，即对学生"供题"的学习活动要有合适的激励措施。比如，将学生所选的题目在课堂上展示交流，就是一种肯定；将学生的好题拍成照片，保存在电脑中（用学生的话来说，就是"存进老师的档案"），也是一种激励。教师更要让学生认识到，我的作业就是我的作品，我应该积极地做学习的主人；跟别人分享我的作品，是一件非常美好的事。

在教学中，我们不能总是把学生作为"受方"，也可以把学生作为"供方"。解放了学生，也就解放了教师，解放了教学。

练笔建议

1. 近来你感觉最满意的一堂课是哪一节呢？把它记录下来。

2. 课堂上，一次精彩的生成让你喜不自禁，及时把它记录下来。

3. 教完一个单元或一个章节后，记录下教学中的困惑，求教于同行。

第3课

追求更有价值的课堂教学

——教学课例的写作

一、为什么要写作教学课例？

上课，是每个教师工作的日常和本分。学期里科任教师基本上每天都要走进课堂，日复一日的课堂带给教师本人和学生不同的感受。在这个师生相互学习交流的生命场里，教师的学识、智慧和人格魅力得到充分展示，学生的生命也因此不断丰盈，这就给教师的教研和写作提供了可能和丰富的资源。它提示教师，要珍惜课堂、敬畏课堂，要把自己在课堂中展示出来的成功的或不完美的课例留下来，以期提醒自己和同仁在今后的课堂教学中要发扬哪些优点，克服哪些不足。

上完课之后就把教案束之高阁，这对很多教师来说是非常可惜的。有心人会对自己的教学设计及课堂的情况进行一番梳理，试着写教学课例。教学课例也是课堂作品的一部分，它不等同于教学设计。教学设计是教学前教师对一堂课的教学目标、流程、方法等所做的预设和准备。真正到了课堂上，师生肯定会有意想不到的智慧火花要生成，教学课例正好承载起这个使命。

二、教学课例的结构

一是教学设想（背景）。即对这节教材或这堂课教什么、怎么教、要达到什么目标等有一个简要的说明，让大家心里都有所准备。

二是课堂实录（流程）。主要是再现教学流程，让他人了解怎么教的，还可以实录课堂中出现的生成情况以及师生是如何面对的。

三是课后反思（小结）。即对教后的课堂来个简单复盘，看是否达到了课前的设想，教学中又有怎样的生成出现，并对整堂课的成败得失进行一个梳理，明确哪些问题需要进一步探讨。这样，才算是写好了一个完整的教学课例。

有人说，教学和影视一样，是一门遗憾的艺术，影视演员面对自己的表演，观后总有遗憾，认为如果让自己再演一次，一定会演得更好，而实际上这是不可能的。教师面对自己的课堂，肯定如初出道的演员一样有诸多遗憾，这不要紧，只要充分正视这些遗憾和不足，同时，选择其中具有典型意义的案例，完整地把这个课例写下来，这对于自己的成长无疑会有很大的帮助。通观那些有成就的名师大家，他们无一例外地都很重视自己课例的整理，有的还出版了案例选，如特级教师肖培东老师出版了教学课例集《语文：深深浅浅之间》，在中学语文界产生了良好的反响。

三、教学课例写作的意义

每一位教师在自己的教育教学生涯中都会遇到各式各样的事件。在每一位教师面前，都会出现以下情况：有的学生在情感、态度、价值观等方面发展较好，有的学生则存在认知偏差；有的学生在学习方法和习惯等方面有好的表现，有的学生则尚未形成好的学习方法和学习习惯；有的学生在身体发育方面非常正常，有的学生则存在欠缺……诸如此类的问题，成为大家共同探讨的教育教学现象。一个好的教学课例对同行的启迪无疑是巨大的，对写作者自身而言，也有以下几方面的意义。

1. 提供了一次记录自己生命历程的机会

教师的生命历程是在学校、在课堂、在与学生的交流中度过的。在日常的教育教学实践中遇到的一些事例，通过教学课例的形式再现出来，也是对自己职业生活中的一些困惑、喜悦、问题等的记录。这在一定程度上就是自己生命之光的真实记载。你用心写下的教学课例承载着深厚的历史感，在很大程度上可以折射出教育的轨迹，它一方面可以是个人成长发展历史的反映，另一方面也可以记录社会大背景下教育的变革历程。

2. 提供给教师深刻认识工作价值的机会

教师在教育教学中遇到的一些问题或事件，往往就是长期存在于教育教学领域而没有得到很好解决的一些问题或事件，如果我们的教师能够对它们进行认真分析，积极寻求解决办法，那么，你就能从中体会到教育深厚而博大的含义。不断认识到自己所从事的工作是那么的崇高而伟大，能够对自己的工作持之以恒地去反思，你就能找到问题解决的途径以及今后工作的方向。

3. 提供了教师之间分享经验、交流沟通的机会

教师的工作呈现个体化的特点，如果教师能自觉地将教

育教学中的一些经历写成教学课例，就可以使其他教师有效地了解同事的思想、行为，使个人的经验变成大家共享的经验。通过阅读你写的教学课例，其他教师从中知道了同事在想什么、做什么，面临的问题是什么，提出什么样的对策。他也会思考，要是我面临这样的问题，又会采取怎样的措施呢？这样，就能促使其他教师不断地学习、思考、总结，不断地成长，然后一步一步地走向成熟，走向成功。

四、教学课例例文

◎写作背景

新课程实施后，中小学各学科的教师都在本学科里探索如何落实“以学定教”等教学原则。笔者当时担任浏阳市教研室主任，在深入到学校听课中，发现当时荷花街道金沙路小学的老师在数学教学中凸显了这一原则。听完课后，我找两位老师交流，鼓励他们把课堂中呈现出来的精彩形成一个比较完整的教学课例。他们用了一个星期时间写作，写好后发给我，我看后非常兴奋，当即写下几点评析文字，一并发给《教育时报》“课改”专栏，不久，报纸全文发表了这个教学课例和我的评析。

◎例文及点评

小学数学一年级“找规律”课例

湖南省浏阳市荷花街道金沙路小学　万跃华　谢光友

【背景与主题】

“探索规律”是数学课程标准中“数与代数”领域内容的一部分，在第一学段和第二学段都规定了这部分内容。传统教材中没有单独编排数学和图形的规律，只是在练习中有少量的习题。有关探索规律的内容是新编实验教材新增设的内容之一，也是数学课程教材改革的一个新变化。

这节课是“找规律”的第一课时，其重点是帮助学生理解“有规律的排列”，引导学生发现图形的简单排列规律。我们尝试着为学生提供生活中具有现实意义的素材，激发学生的探究欲望，让学生善于去发现，勇于去创造。

【内容及流程】

一、欣赏中感知

师：同学们，你们觉得老师今天漂亮吗？

生为之一振，觉得老师今天的话题很有趣，齐声答道：“漂亮！”

师：谁能说说老师今天为什么这么漂亮？

生迫不及待地议论开了。

生1：我觉得老师今天特别精神，所以漂亮。

生2：是因为老师的衣服特别漂亮。

生3：我也认为老师今天的外套颜色很漂亮，一条绿色，一条白色，这样排列很漂亮。

师饶有兴趣地听着，不时赞同地点点头。

师：同学们说得很不错，我也觉得我的外套很漂亮！是因为它绿白相间，排列有规律。我们生活中有很多这样排列有规律的事物，老师为大家找来了一些我们熟悉的情景。

多媒体出示斑马线、地板砖、公园的花木等照片。

学生欣赏感知规律。

二、探究中发现

师：六一儿童节快到了，同学们亲手布置了一个会场，打算庆祝一下。

多媒体出示一个未布置完的会场。

师：看到这个会场，你想说点什么呢？

学生们七嘴八舌在小组内说开了。

生1：我们小组发现了会场中彩旗的排列有规律，它们是一面红色的、一面黄色的排列着。

生2：会场中彩花的排列也有规律，它们红绿相间排列着。

生3：我们小组认为灯笼的排列也有规律，一个红的、一个紫的排列着。

师：你们都很聪明，观察得很仔细。

生4：老师，我觉得彩旗有两种排列规律。

师生都感到很诧异。

生4：如果从红色的看起，彩旗是红色黄色、红色黄色这样排列的；如果从黄色的看起，彩旗是黄色红色、黄色红色这样排列的。

师生一致认为生4的发现很有创意。

生5：我觉得前一位同学说得很好。这样一来，彩旗、灯笼都有两种排列规律。

生一致认可。

生6：我发现会场还没布置完。为了更漂亮，我们得把它布置完。

生分小组布置，集中交流。

师：会场布置好了，瞧！同学们欢快地跳起了舞。

多媒体出示同学们跳舞的情景。

生7迫不及待地发言：我发现了队列排列的规律。如果从男生看起是按男女、男女的规律排列的，如果是从女生看起是按女男、女男的规律排列的。

生齐拍手掌以示表扬鼓励。

三、活动中创造

师：你们想不想参加联欢会啊？那就得出示联欢会的入场券，你只要按入场券上的要求画对了，就能参加联欢会。

生欢呼雀跃，跃跃欲试，纷纷填入场券。

师：我们通过自己的努力，顺利到达了联欢会的现场。瞧！我们的第一个节目是请你跟我做一做。老师做一串有规律的动作，当我停下来的时候看谁能接着往下做。

师做有规律的动作，生接着做。

师：第二个节目是请你跟我摆一摆。

师用教具摆一组有规律的图形，生猜测老师接下去要摆的图形是什么。

小组合作，用自己喜欢的图形创造一条规律。

展示规律。

师：你能就你们小组摆的规律向其他同学提问吗？

生沉思，小组讨论。

生1指着自己小组摆的规律提问：你知道我们是按怎样的规律摆的吗？

指名回答。

生2指着自己小组摆的规律提问：你知道我们接下去会摆什么图形吗？

指名回答。

…………

学生兴致高涨，有问有答。

这时老师出示一组图形，提问：我也想问问大家这组图形有规律吗？

学生发生了争执，有的认为有规律，有的认为没有规律，争得不可开交。

师：我暂时不评说谁对谁错，都说说自己的道理吧！

生1：这组图形摆得乱七八糟，根本找不到规律！

生2：虽然图形没有规律，你们认真看看它们的颜色，肯定能发现什么。(生2卖起了关子)

认为没有规律的同学恍然大悟，师生都会心地笑了。

师：前段时间我校在乒乓球运动会中取得了团体总分第一名的好成绩，同学们为了庆祝，来了一个“猜球”的游戏。

出示一串乒乓球，有的露在盒子外面，有的藏在里面。(乒乓球是按一黄一白、二黄二白、三黄三白、四黄四白……的规律排列的）盒子左侧露出一黄一白、二黄二白、三黄二白，中间藏着一白四黄，右侧露出四白、五黄五白、六黄六白。让学生猜测盒子里藏着几个乒乓球。

生小组合作推理、猜测、验证。

四、生活中拓展

师：今天，我们探索了怎样找规律，大家想想看生活中还能找到有规律的事物吗?

生1：我家的地板砖有规律!

生2忍不住走到老师跟前：瞧！我衣服上的图案也有规律!

生3：学校旁边汽车南站里汽车的停放也有规律!

生4忍不住哼起了儿歌：红橙黄绿青蓝紫，数数颜色有七道。彩虹的颜色排列有规律。

…………

师：有规律的事物的确很美，希望大家在以后的生活中能多发现美，创造美！

【反思与总结】

一、优化师生关系，让学生乐于学习

《义务教育数学课程标准》提出：数学是人类的一种文化，它的内容、思想、方式和语言是现代文明的重要组成部分。数学活动是一种特殊的社会文化活动，必然体现和反映参与者的伦理观、人生观、世界观和价值观。数学教学活动是培养人的新思想、新观念、新精神的催化剂，也必定有着人文性的一面。这些都需要渗透，需要的是“春风化雨”“润物无声”“落地无痕”。

教学中，老师始终和学生融为一体，老师不仅是组织者和引导者，还是学生年长的伙伴和真诚的朋友。如新课伊始，老师问学生：“老师今天漂亮吗？”老朋友之间常有的问话在课堂中出现，显得那么亲近自然，老师用心良苦而不露痕迹。进入联欢会后，师生互动，生生互动，气氛活跃轻松，知识就在游戏娱乐之中悄然无声地被学生掌握了。尤其是学生互相提问这一环节，老师说：“我也想问问大家这组图形有规律吗？”这时的老师不就是学生中的一员吗？

这节课师生关系融洽，使数学教学脱去僵硬的外衣，显露出生机，洋溢着情趣，充满着智慧，让学生始终徜徉在浓浓的人文氛围中，潜移默化，带着欢欣鼓舞的心情进行探究学习。

二、提供现实素材，让学生善于去发现

波利亚曾说："数学教师的首要责任是尽其一切可能来发展学生解决问题的能力。"老师的服饰、贴近学生生活的照片，这些都能激发学生的探究欲望。在研究会场的规律时，让学生展开恰当合理的学习活动，使学生为完成一定任务而进行磋商、探究、讨论、辩解，由此养成一种问题意识和探究能力。生4提出彩旗的排列有两种规律，确实让人为之一振，看来学生的思维潜力有时是不可估量的。生7一口气说出队列的两种排列规律，反映出了学生之间互相影响的力量。让学生创造性地参与设计规律，可以满足学生的求知欲和表现欲，其中，引导互相提问，更能让学生发现问题。教师巧妙地设计自己的问题，学生能大胆地提出自己的疑问，也能说出自己独到的见解。

教师提供的素材、设计的活动都有利于学生发现问题。这样，我们培养出的不仅仅是回答问题的能手，更是发现问题、解决问题的高手。

三、倡导自主探究，让学生勇于去创造

这节课处处体现出一种新型的学习方式——自主探究与合作交流。现代教学论认为：学生只有在亲身经历或体验一种学习过程时，其聪明才智才能发挥出来。

研究会场规律时，正是因为学生亲身体验了，生4才能创造性地发现彩旗的排列有两种规律。创造规律时，学生摆的规律有的是按图形的规律，有的是按颜色的规律，也正是亲身经历了，学生能判断出老师摆的图形虽然杂乱无章，但它的颜色有规律。

数学教学中让学生乐于去学习、善于去发现、勇于去创造，这对学生的成长与发展有着无法估量的作用。

◎**点评**

《小学数学一年级“找规律”课例》是我市荷花街道金沙路小学万跃华、谢光友两位老师撰写的一个教学课例，这件作品在浏阳新课程实验专项成果评比中被评为“教学课例类”一等奖。它有以下几个特点值得我们关注。

一是课例选题切合新课程的要求。“找规律”一节内容在以往的教材中没有单独编排，而在新编实验教材中新

增了这个内容，体现出编者对课程变化的深刻认识。教学过程中，始终体现学为主体、以学定教的理念，符合新课程的教学要求。

二是课例体现出较强的问题意识和生活气息。要让一年级的学生掌握“找规律”的方法，必须以他们所经历过的生活为基点，然后以问题导入，使学生的学习生活化。从课例中我们可以感受到教学中浓郁的生活化倾向，教者从自身、学生生活的教室、学生生活可能见到的事物以及虚拟的场景，为学生创设了一个学习情境，让学生在乐中学、学中乐，思维能力得到了开发。

三是课例的格式比较完整、规范。“背景与主题”交代了事件发生的必然性；“内容与流程”为我们详尽展现了问题发生、展开和解决的历程；“反思与总结”总结了本次教学中的得失，再现了有关问题的解决经过，让读者受益匪浅。

教学课例集理念、实践与反思于一体。课例中，不仅包含对教育情境的描述或教学过程的记叙，还包括对课例发展变化及结果的深刻反思。因此，值得记录的教学课例应该具备三个特点：(1) 教学中真实发生过；(2) 能引发多数教师思考与讨论；(3) 蕴含着教育理论。要写好一篇教学课例，大致要经历这三个环节：(1) 提炼主题，搜集素材；(2) 描述情境，理性分析；(3) 总结提升，实践追问。经常练习这种写作形式，对于教师的专业成长有很大的帮助。这件作品比较好地体现了上述特点。

当然，作品中也存在一些不足之处。如对“背景”的描述过于简单，对学情的分析还未体现，对本次教学活动中存在的遗憾还没有反思……但这是一个起点不低的开头，相信老师们能从中获得丰富的信息，继而对照自己的教育教学，写出更多更好的教学课例来。

练笔建议

梳理近期教学上的得失，整理一个自认为比较成功的课例。

第4课

留下成长路上的足迹

——教育故事的写作

教师的教育教学生活其实蕴含许多鲜活而精彩的有意思、有意义的故事，记录好亲历的或是亲见的教育生活，加上自己的思考，对于自己是一种积淀，对于他人有很好的借鉴作用。长期坚持写作教育故事，可以不断提升自己的专业基础与能力，丰盈自己的职业生命。

一、教师生活在故事里

每天进进出出校园、上上下下讲台，很多老师从这日复一日、年复一年的生活中感受到的只有枯燥、单调。随着时间的推移，职业倦怠感犹如万千丝线缠绕全身，继而对所从事的工作缺乏激情与创造。而用心的教师面对一座座“金山”“富矿”不会熟视无睹，而是好好珍惜，能从这种枯燥与单调中寻觅到一个个丰富、精彩与鲜活的故事，并用情将它们写下来，成为自己专业成长的有力抓手。

笔者以为，中小学教师最好的科研是写好自己的教育故事。因为我们的科研不同于大学教授或专业科研人员那种“高、精、尖”的科研，我们的科研基本上是“行动研究”，即在教育教学实践层面做一些经验总结性的探索与研究。这样的科研一定是基于问题，来源于教育教学实际，又回到教育教学工作中去，目的在于提升教育教学的质量和品位。我们若能坚持将自己的教育故事写出来，对身边的教育现象做深刻而切实的剖析，这样的科研一定是真实而鲜活的，既有意思又有意义。

人是教育故事里的主角。人的所思所想和言谈举止、群体活动的交集，均凸显出生活的不确定性和丰富性，也为教育带来无限可能性。这就使得校园内外、讲台上下的师生每天都有不同于他人的故事发生，每个故事都有不一样的精彩。

二、写好自己的教育故事

1. 写好教育故事，留心观察与思考是前提教师面对一个班几十个学生，必须留心观察每一个学生的言谈举止，因为从他们的言谈举止里会透露出很多信息。这些信息会呈现出很多问题，这些问题可以引发教师去思考，去查找这些问题背后的问题，即对教育教学中遇到的人和事一个一个进行分析与研究。比如面对一部分学生对文化课学习没有兴趣的问题，就不能只把原因指向学生学习态度不端正、心中没有远大理想，应该从教与学两个方面来分析。

教的方面，学生不想学、不会学，教师在教学的方式方法上是否存在问题？是否由原来的“满堂灌”变成了现在的“满堂问”而不得要领呢？是否忽略了激发兴趣、教给方法和养成习惯呢？这中间有什么事情发生？

学的方面，教师心中是否有“以学定教、学为主体”的意识？是否采取了点对点观察、家访了解、面对面交流等方法？

如果教师把学生对文化学习没有兴趣的内在和外在原因查找到位，然后因材施教、对症下药，找到解决问题的方案和途径，并把如何培养学生文化课学习兴趣的过程写出来，这样的教育故事对其他教师会有很大的启迪作用。

2. 写好教育故事，遵循规律、善用情智是基础

学校和教室是允许学生犯错也会经常犯错的地方，面对

学生的错误，教师用怎样的方法去引导的呢？教师自己犯错了，又是用怎样的机智逃脱局促与尴尬的呢？这些都可以用故事的形式真切、生动地表现出来。

非常喜欢于永正老师的《我的教育故事》，在这本书里，于老师回忆起从教几十年里与学生的点点滴滴。一个个真实、生动的故事还原了作为老师的于永正的人格魅力。其中有一篇题为《规矩》的文章给人印象特别深刻，该文详细地叙述了于老师与学生的一次正面冲突，从“不打不相识”到几经周折成为知心朋友，再现了当时的情境，有很强的现场感，突出了于老师刚柔相济、以柔克刚的教育教学智慧。这样的教育故事，没有对教育事业的忠诚热爱和对学生的真情呵护是写不出来的。

3. 写好教育故事，及时整理和总结是保证

很多教师对自己的教育生活是有感觉的，与学生朝夕相处中有不少故事，心里也不时涌起要把这些故事写出来的冲动，可这些故事出现在脑海时，又被其他的事情冲淡了、冲走了，此情可待成追忆，只是过后已茫然。随着时间的流逝，那种感觉难以复原了，这是十分可惜的事。因此，自己从教育教学现场获得了好的故事，要及时记录好，认真总结好，要在这件事上少留遗憾。

笔者曾与一位教师做过一次推心置腹的交流。这位教师三十多岁就成为特级教师，我询问他何以能做到，他平静地说："每次和学生交流后，感觉有启发，总会把当时的场景及时做好记录；每次上完课后，回到办公桌前，总会静下心来回顾一下刚刚上课时的情景，想想这节课的得失所在，然后记下来。这样坚持做下去，感觉自己的教育教学之路越走越宽。"认真阅读他送给我的书，里面都是他鲜活的教育故事，这些对他本人来说均是弥足珍贵的资料，对其他教师亦有很好的借鉴作用。

三、写作教育故事要注意的事项

新课程实施二十年来，一大批中小学校长和教师都注意到写作教育故事对自身成长的作用。他们笔耕不辍，出版部门顺应教师阅读要求，出版了一批又一批来自教育教学一线、反映教育生活的专著。《重新发现儿童》《重新发现学校》《重新发现教育》三本书，就是北京玉泉小学校长高峰日常教育生活的生动记录，书中一个个鲜活的故事，引发读者深思。此外，李虹霞老师的《创造一间幸福教室》，沈丽新老师的

《让学生看见你的爱》，郑英老师的《课堂，可以这么有声有色》等，书中都呈现了很多很好的教育故事。

从阅读众多的一线校长、教师的专著中，笔者体会到写作教育故事要注意它的故事性、生动性和启发性，同时还要从以下三个方面加以注意。

1. 教育故事的内容

（1）教学故事。教师可以记录对过去的教学行为或教学过程的感受与思考，但并不是对课堂教学过程做简单的录音录像，而是要挖掘教学过程中有意思、有意义的“点”，将其中的一些细节“故事化”。教学故事与教学设计的区别在于你的这个故事要有主题，不仅要描述教学的过程，还要交代教学的背景、师生的感受以及教学的结果……要有比较完整的叙述情境。

（2）生活故事。教师通过记述个人生活中发生的富有教育意蕴的故事，表达自己对教育的理解和思考。生活故事更加关注教师自身的微观世界，强调个体经验的意义，具有很强的个人色彩。

（3）自传故事。教师围绕某个主题，讲述自己的成长故事，通过个人的亲身经历来凸显成长过程中的所遇所思所感，具有很强的真实性和感染力。读者可从中了解教师的教育观念、教育行为、教育经历，从中汲取精神力量和智慧，获得新的启示。

2. 教育故事的表现手法

好的教育故事懂得聚焦：一是通过一个事例让读者有某一个方面的心得与感悟；二是在叙事上注意夹叙夹议，即时说出自己的所思所为；三是注重细节描写，因为唯有具体生动的细节才能让读者有现场感。好的教育故事既要让人看到你在工作中遇到的真实问题情境，也要让人看到你的想法，更要让人看到你的做法。

值得注意的是，教育故事不是文学创作，它特别强调真实性，不能凭借自己的想象无中生有去杜撰、编造；也不是通讯报道，不要等同于叙说自己的各种“先进事迹”而进行自我表扬；或是故意爆料自己的一些不足之处，毫无原则地自我批评一番。教育故事也不是“事例加理论”，不能成为“两张皮”，应当将理论蕴含在故事的字里行间。

3. 写作教育故事贵在反思与坚持

无论是正向的还是负面的故事，都值得当事人好好记录，因为这有助于自己和他人从中汲取经验与教训。另外，写作教育故事如同其他教师写作一样，特别强调持之以恒，久久为功。

愿一个个鲜活、精彩的教育故事陪伴教师走上教研幸福路，并在这条路上展现不一样的自己。

四、教育故事例文

◎例文一

孩子，请接受老师迟到的祝福

——我是如何赢回信任的

湖南省浏阳市集里街道禧和小学　傅细霞

那一年，怀着满腔的热情与期待，带着无限的爱心与真诚，我与39名活泼可爱的孩子走到了一个班集体，成为一家人。从开学第一天起，我就成了这个“家”的“当家人”。我想我是幸福的，我被这么多学生宠爱着，同样，我也应该让我的学生感受到这种幸福。而要给他们这样的幸福，我首先要让他们信任我，喜欢我。要做到这一点，一天两天容易，时间长了，可就不那么简单了，这不，开学不久后发生的一件事就让我差点失去了孩子们对我刚建立起来的信任，幸好，我用自己的爱心与真诚赢回了信任。

记得刚开学时，为了让这群平均年龄6岁的孩子尽快地适应小学生活，我花了不少心思。其中有一条不成文的规定就是：当班上有同学过生日时，我要组织全班同学为他（她）开一个小小的生日会，唱上一首生日歌，说上几句祝福的话语。每次看到“小寿星”们脸上那一抹灿烂的但又很羞涩的笑容，看到其他同学开心的模样，我就会觉得很开心。如今，渴望在班上过一次生日，成了许多孩子心中的一种期待。为了照顾到孩子们的这种期待心理，我甚至把本来是星期六、星期天生日的学生也提前在星期五给他们过。一段时间后，孩子们彼此之间的关系相当融洽，与我也打成一片，成为相互信赖的好朋友了。

不久后的一天，我正在批改作业，一个平时表现一般的学生来到我眼前，一副欲言又止的样子，我放下手中的工作，问他有什么事，他在我的鼓励下怯生生地说：“老师，明天是我的生日！”

说完便红着脸跑开了，我会心一笑，明白他的意思了，心想孩子这么信任我，明天可千万别忘了给他过生日呀！可有时候人就是这样，越是不该忘的事偏偏就给忘了。第二天，我压根儿就没有记得这回事，更糟糕的是第三天当我发现这名同学上课无精打采的样子时，不但没有意识到是自己的疏忽让他有这样的表现，还将他批评了一顿。到第三天晚上，我无意间见到电视里闪过一个生日的镜头时，才猛然惊醒。这才明白，这个孩子白天为什么会有那么差的表现了。我真是既内疚又心痛，想想自己白天的做法，更是觉得无地自容。我意识到自己伤害到这个孩子幼小的心灵了，更因为他是一个平时表现一般的学生，他一定认为我不喜欢他、不在乎他了，怎么办呢？整个晚上，我辗转难眠，开学以来第一次失眠了。

“我不能让孩子失去对我的信任！”次日早上醒来，我做出了果断的决定。

于是在当天的早自习，我走进教室真诚地对全班同学说：“同学们，老师前天犯了一个错误，想请大家原谅老师。”孩子们一个个睁大了眼睛，好奇地望着我。“前天是班上××同学的生日，他提前告诉了老师，可老师给忘了，太不应该了。老师觉得很难过，不知道怎么办，谁来帮助老师改正这个错误呢？”“老师，我们给××补过一个生日吧！”一个女孩子小声说，其他同学也随声附和起来。“老师，你经常说知错就改还是好孩子，你带我们给××补过一个生日，他不会怪你的。”“是吗？××，你愿意接受老师迟到了两天的祝福吗?”这时，一直在那里沉默不语的××终于开口了！“老师，我不怪你！谢谢你!”那眼神是真诚的，那话语是发自内心的。我从他的话语中又感受到了他对我的信任与喜爱，在一阵清脆的生日歌中，这场不大不小的“生日插曲”结束了，压在我心口的一块石头也落地了。

在以后的日子里，我更加用心地与孩子们相处，用自己的爱心去换取他们的爱心，用自己的诚心去换取他们的信任。家长们都说，孩子们在学校里如果没有见到我，就如同回家没见着自己的妈妈一样。我越来越意识到，真正的教育是心心相印的活动，爱心与诚心是教师赢得学生信任的通行证，唯有从心里发出来的，才能打动内心深处。教师信任学生，对学生会是极大的鼓舞，而学生信任教师，则是对教师工作的最大回报。

◎**点评**

这是一个一线教师写的教育故事，属于从微观的角度对一个发生在教室里的事件进行的追述与反思。孩子是很在乎老师的言行的，作者也深知其理。因此，想方设法解决了一场信任危机。文章叙述真切清楚，寓理于事，有很强的现场感和启发性，是一篇不错的教育故事。

◎例文二

凝望教育天空中那颗最璀璨的星

——我和苏霍姆林斯基的故事

时光倒退到36年前的1982年，师专毕业的我，被分配到一所山区中学任教。这年8月中旬，我用一截毛竹尾巴挑着简单的行李，来到这所大围山下的县属中学。刚满19岁的我站在学校门口向里面张望，只见一个不规则的泥沙场边立着几栋平房，平房的墙体上斑驳陆离，旧时的标语隐约可见。我随着后勤主任来到一间平房，他为我打开房门，告诉我，这就是我的住房。我环顾四壁，靠门边有一张简易床，木格的窗户前有一张办公桌，桌上还有一盏煤油灯。后勤主任看我两眼直直地盯着煤油灯，有些不好意思地说："晚上电不正常，要点灯呢。"

夜幕降临，我斜躺在自己铺好的床上，房中央垂下来的电灯泡忽闪忽闪几下，再也没有亮起。四周渐渐暗了下来，"嗖嗖，嗖嗖。"篾片织成的天花板上有响动，仔细一听，是老鼠！趁着这漆黑出来奔突了，在天花板一路来一路去，好像是向我这个陌生的主人示威。我起身点燃了那盏煤油灯，回到床上呆呆地望着这如豆的火花，心里说不出有多失落与惆怅。

也不知过了多少个这样孤独无助的日子，我终于拿起笔向分配在城里的一个最要好的同学倾诉自己的心绪。信寄出去两个星期后，我收到了同学寄来的一个包裹，迫不及待地打开它，没有信，只有一本书。我端详起这本书，绿色封面上，书名是《给教师的建议》，作者苏霍姆林斯基。打开书，扉页上是一行清秀的字：老同学勉之。

昏黄的煤油灯下，我打开了《给教师的建议》，有意无心地看了起来。苏霍姆林斯基的第一条建议吸引了我。“请记住：没有也不可能有抽象的学生。”“教学和教育的技巧和艺术就在于，要使每一个儿童的力量和可能性发挥出来，使他们享受到脑力劳动中的成功的乐趣。”嗯，联系自己近段的工作，真是那么回事！慢慢地，我喜欢上了这本书。以后的日子，我不觉得孤单了。每当夜深人静，我就在煤油灯下展开《给教师的建议》，苏霍姆林斯基就像一位邻居大哥，心平气和、推心置腹地和我交流。我被书中那娓娓道来的语言吸引着，被鲜活生动的教育故事感动着。看到书中说到我在教育教学中的痛点、盲点，我会情不自禁地站起来，自顾自鼓掌，全然不顾天花板上那群横冲直撞的老鼠。

“一个真正的人应当在灵魂深处有一份精神宝藏，这就是他通宵达旦读过一两百本书。”我记住了苏霍姆林斯基的教诲，心头哀怨逐渐消散，精神面貌焕然一新。每天和学生粘在一起，他们起床我起床，他们读书我读书。轮到语文早读时间，我就走进教室，面向全班同学大声朗读《风流歌》《我是青年》等流行诗篇。为了让语文学习丰富多彩，我创办手抄报，排演课本剧，组织烛光诗歌朗诵会。我跟苏霍姆林斯基学做教师，渐渐地对教育教学有了一些真切的感悟，我把感悟写成一篇篇文章，寄给省内外的报刊，有的还真见报了。我又把这些见报的文字读给学生听，学生爱上了语文，喜欢上了我这个语文老师。

感谢老同学的赠书，让苏霍姆林斯基在我职业生涯起步的时候，就来到我身边，走进我心里，引领我走上了教育教学之路。在读完《给教师的建议》后，我又通过买、借等方式读了他的《巴甫雷什中学》《育人三部曲》等著作。我从他的著作里汲取着丰富的营养，滋润着自己的生活和工作。他告诉我很多教育教学方法，让我对教育有了越来越多的归属感、认同感和成就感。在农村中学的10年中，我定目标、打基础，后调入浏阳市教育局教研室，担任中学语文教研员，平台更大了，视野更宽了。我以“教师是我师，我是教师友”为工作原则，孜孜不倦地读书学习。从古今中外的教育典籍中寻找教育智慧，向国内著名的语文教育专家请教，与本市的教育同行切磋，和老师们一起成长。我感觉身体内有无穷无尽的力量，不知疲倦地投入到学习中、研究中、实践中、总结中。努力工作让我赢得了一系列荣誉副产品。

时光荏苒，苏霍姆林斯基离开我们已经47年了，但他从未走远，因为他拥有一大批追随者。在当今中国的中小学校园里，在很多教师的文章里，苏霍姆林斯基这个名字出现的频率仍然很高，而且我们今天读他的有关教育的论述丝毫没有违和感。他的“培养全面和谐发展的人”的思想，过去、现在乃至将来都是我们教育的追求目标。面对当下中国教育屡禁不绝的乱象，层出不穷的“奇葩”，作为一个教育人深感忧虑。前段时间听到这么一个论断：中国教育不见得比中国足球有希望。作为一个教育人，我当时哑然了，内心在流血。中国教育可比中国足球重要一千倍、一万倍啊！如果中国教育也像中国足球那样，国家的希望在哪里啊？

我又想到了苏霍姆林斯基，捧起了他的著作。他是一个伟大的教育理论家，更是一个伟大的教育实践家。中国目前不缺各种教育理论，缺的是对教育常识的认知和普及，缺的是像苏霍姆林斯基这样在教育的田野里深深扎根、辛勤耕耘，把论文、专著写进师生心田的人，缺的是像他那样安安静静、认认真真、扎扎实实办学的实践者。苏霍姆林斯基的论述涵盖德、智、体、美、劳等方方面面，被誉为“活的教育学”，是教育领域可资借鉴的百科全书。在他100周年诞辰之际，我想写点文字以示纪念，虽然清楚自己对苏霍姆林斯基教育思想的理解还停留在皮毛状态，但还是硬着头皮坐到了电脑前。我联系当前中国教育的情况，选择他的一些箴言加以阐释，冠以“重读经典、回到常识”之名，发到个人的公众号“布衣村言”上。也许我的一些体会戳中了当下中国教育的某些痛点，引起了同仁的共鸣与关注，文章一经发出，包括教育局局长、大学教授、中小学校长、教师等微信里的好友纷纷转发。《人民教育》等多个公众号转发了其中的一些文章，有的文章读者点击量超过三万。特别让我感动的是，我尊敬的前辈，原浏阳市教育局教研室主任，后来担任过浏阳师范学校副校长、长沙电视大学副校长，年逾古稀的刘定邦老师，对我的文章大加点赞，还在他的微信朋友圈里转发我的一篇短文《教育应该是真实的》，并组织他的朋友和学生就真、伪教育展开讨论，让我有了沉沉的责任感和满满的获得感。

人生有代谢，事业无止境。时间无法掩盖苏霍姆林斯基教育论述的光芒，反而让他的理论熠熠生辉。我想，千千万万教育工作者若能重读他的经典论述，谨记他的谆谆教诲，不辱使命，砥砺前行，中国教育一定大有希望！

永远的苏霍姆林斯基——感激依然无尽，崇敬山高水长！

今夜，我坐在明亮的灯下写着纪念苏霍姆林斯基的文字，想起了30多年前窝在昏黄的煤油灯下读他的专著的情景。我来到窗前，凝望满天星斗，交相辉映。我确信：教育的天空里群星荟萃，苏霍姆林斯基则是那颗最为璀璨耀眼的星！

◎点评

2018年，是苏霍姆林斯基100周年诞辰，回顾自己的教育之路，受他的影响非常大。我从他的著作里汲取着丰富的营养，滋润着自己的生活和工作。是他告诉我很多教育教学方法，让我对教育有了越来越多的归属感、认同感和成就感。这一年我重读了他的几本著作，写了10篇有关他的文章，其中一篇题为《凝望教育天空中那颗最璀璨的星》，这是一篇自传性质的教育故事，它从宏观的角度记录了有关我个人如何成长的历程。

练笔建议

请你回顾自己的工作经历，是哪本书、哪个人或哪次活动对你的专业成长起到了刻骨铭心的作用，选择其中一项写一篇2000字的成长故事。

第5课

做生活的局内人

——教育随笔的写作

随笔是一种重要的语言表达形式，它的最大特点是一个“随”字，即随手拈起生活中的现象或事件，下笔没有绝对的形式要求，随心地表达写作者的观点与态度。

教育随笔是教师比较喜欢的一种写作形式，它可以反映教师对社会热点的关切，宣示对教育本质的理解以及具体事件的态度；可以记录教师自身在教育生活中的成长履历，留下自己的从教感悟，继而生成教育智慧。由此可知，教育随笔也不是随随便便乱写一气的文字，它是通过对社会现实中的教育现象和事件发表自己的看法，达到给人以启迪的功效。

一、教育随笔的内容

教育随笔的内容可谓包罗万象，但大体可归纳为以下三个方面。

一是基于一起教育事件。

教育生活中有很强的不确定性，这就使得大大小小、或好或坏的事件层出不穷。俗话说，好事不出门，坏事传千里。特别是现在这个资讯发达的时代，诸多“好事”在网络上传播的同时，“坏事”传播的速度就更快了。2020年是一个极不平凡的年份，发生在教育领域里的好事坏事多如牛毛。其中某小学五年级学生坠楼事件发生后，人们把矛头指向了教师，一时间众说纷纭，很多学者、专家乃至中小学一线教师，都纷纷撰文表达对事件的看法。笔者作为一名老教育工作者，没有袖手旁观，写下《学生自杀与教师自救》，文章分析了学生频繁自杀对教师人身、声誉产生的不利影响，提出了面对这样一个现实情况教师该如何实现自救。文章先在《教师博览》公众号上推出，短短两天时间，点击量超过1.3万，后来这篇短文在《教育时报》上刊出。

二是基于一些生活现象。

留心观察身边的日常生活，很多地方蕴含着教育的因素。我原来租住的地方旁边有一所小学，每当早晨上学之际，看到成群结队的父母或祖辈一手牵着孩子，一手挽着孩子的书包，急匆匆向学校走去。这段上学路上的平常一幕，引起了我的思考，我为此写下《书包由谁背?》一文。由这一看似普通、普遍的现象，分析它出现的社会的、学校的、家庭的原因，并提出了解决这个问题的策略与途径。文中谈到，要把这件关乎学生身心健康、全面发展的“小事”提到社会层面、政府层面，来一个综合治理。不仅要开好家庭会，让所有家庭成员的意识统一到由孩子自己背书包上下学上面来，还要在学校开好班主任会、教师会，让所有教育者在教育过程中都引导学生不要急着树立做大事的志愿，先做好现在力所能及的事，比如自己背书包这个事，可以把它纳入劳动教育的评价中。另外，学生的书包这么重，是因为教材越编越厚，各种教辅资料越来越多，这就要从政府层面动真格，书包才能“减负”成功。教师的校内外生活非常丰富，可以用来写作随笔的材料应该是很多的。

三是基于一个热点话题。

在纷繁复杂的社会生活中，教育常常是热点话题。但真正要把它们用作随笔的材料，需要选择和甄别，如此才能去粗取精、去伪存真。因此，写作随笔的材料必须是真实的、有代表性的，选择具有典型意义的，文章才具有典型性和启发性。2020年年初，深圳某小学副校长抄袭一事，折射出当前一些教师法制观念淡薄、名利思想严重和侥幸心理作怪等问题，如果想就此事发表看法，写作者循着这些问题从社会、个人浮躁、功利的角度去行文，肯定是一篇关注社会公共事件且有深度的随笔。

2018年是苏霍姆林斯基100周年诞辰，这位教育家成为当年媒体和舆论的热点话题。为了纪念这位对我影响深远的关键人物，我重读他的一系列著作，写下10篇随笔，每篇文章都以他的一句名言为题目，联系当今社会现实展开论述，这些文章有多篇被全国各地报刊选登。

二、教育随笔的特点

教育随笔一定是源自社会生活的。行文特点是夹叙夹议，让读者从文中明白一些道理。如何做到夹叙夹议呢？可以尝试这么写：首先是“点”，即简要叙述一个或一类很典型、有影响的事件。然后是“扣”，即扣住这个事件加以分析，点出它的本质所在。第三是“引”，即由这一“个例”由此及彼，引申出它所反映的普遍社会现象与意义。最后是“应”，即回应开头提到的事件，提出解决这类事件的建议与办法。

概括地说，一篇好的教育随笔应该具备以下特点。

1. 观点鲜明

信息井喷、认知多元的社会里的人，不喜欢读那些絮絮叨叨、不知所云的文章，他们没有时间和你绕弯弯、捉迷藏，而喜欢那些不需要读者过多费神的直截了当、观点鲜明的文章。这个现实情况，作者不能不知。

怎样才能让你的文章观点鲜明呢？

一是在文题中宣示观点。“题好一半文”，这是写作领域里的一句行话，说明文题的重要性。现实情况也确实如此，一个宣示出观点的好的文题，能即刻抓住读者的眼球，促使他把文章读下去。所以，每一个作者在动手写文章之前，对文题都会做一番思考，力求找到既新颖不落俗套又观点明确一看便知的文题，以此体现其匠心。当然，也要避免为吸人眼球而成为“标题党”，文不对题，是对读者的猥亵和伤害。

二是在“文眼”里凸显观点。一篇文章中，总会有一处或两三处精粹的话语，或展示认知，或体现态度，或抒发情感，这些被看作“文眼”的文字，也正是作者观点蕴藏之处。因此，我们在写作时，在文题中没有宣示观点时，可以在文眼里凸显。

三是在文末处表明观点。元代陶宗仪在他的《南村辍耕录》里说道：“作乐府亦有法，曰凤头、猪肚、豹尾六字是也。”后人多以此比喻来评论所有的写作，意谓文章的开头要奇句夺目，引人入胜，如同凤头一样俊美精彩；主体部分要言之有物，紧凑而有气势，如同猪肚一样充实而丰满；文章的结尾要跌宕警策，如同豹尾一样雄劲潇洒。可见，在结尾处水到渠成地表明观点对全文的成败起着关键作用。

2. 层次分明

我们经常可以看到这样一些随笔，把多个论点、论据杂乱无章地糅合在一起，让人费尽心思难有收获。还有一类文章应了一句俗话：“脚踏西瓜皮，滑到哪里算哪里。”为什么会出现这种想到哪儿写到哪儿的情况呢？作者行文前缺乏整体意识，没有列写作提纲的习惯是一个重要原因。因此，作者在动笔前要对所写文章有整体考虑，之后，还要理清全文的脉络，列出详细的提纲，提纲包括文章要表明的总的观点，围绕这个总的观点准备用几个观点来支持它，然后还要就每个观点列出论据（一个以上的事例），使它们能自然地对接。列出观点加以论述，可以遵循微观—中观—宏观的顺序，也可以按照总—分—分或总—分—总的顺序，这样能给人层次分明的感觉。

另外，文章的层次不宜多，以三层为好，因为多了让人难记，还可能出现杂糅。列好了写作提纲，就是为文章定好了骨骼，搭好了框架，接下来的组织文字就是为文章生血长肉了，如果平时勤于动笔，文字表达能力强，这生血长肉会成为一件很容易也很有趣的事。行文时，最好是一个段落阐述一个观点，列举一个事例，表明一层意思。有整体安排，有详细提纲，文章也会给人层次分明的感觉。

3. 语言清明

这里说的“清明”，不是指二十四个节气中的那个清明，而是说文章在表述上要简洁、清楚明白。我们现在的报刊或网络上的有些文字，有的佶屈聱牙，叫人半懂不懂，难以卒读；有的“掉书袋”，或堆砌辞藻、掌故，或广罗名言警句，引用过度，让人读来非常费力；有的食“洋”不化，借用外语语法表现形式，读来十分别扭；有的因文害意，勉强拼凑或生造词语，令人莫名其妙。这些都在一定程度上打击了读者的阅读积极性。白话文已经在我们的生活中走过一百年，如果我们还抱着那么一种文白夹杂的表述形式不放，并沾沾自喜地以为这是自己读书多、学问深，那可是一种没有与时俱进的自恋。

三、写作教育随笔要注意的事项

一是不可无中生有。

写作教育随笔不能无中生有去虚构一个不曾有的事情，或无端揣测某个现象一定会出现，继而凭空抛出自己的观点和态度。还要注意不能偏离事实任意添加情节，以免伤害他人。教育随笔的写作一定是基于已经发生的事实，或生活中还存在的事例来展开的，只有这样，才能引导读者面对现实深入思考后，认同或反对文中的看法。

二是不做无病呻吟。

动笔写作一定要实事求是，对所要评论的事件持客观态度，并且做到有话则长无话则短，不做无病呻吟状，或东拉西扯不得要领。因此，所述之事尽量简明集中，与要表达的观点没有很大关系的事情可以一笔带过或略而不谈。这样的文章在突出重点、节约篇幅的情况下更显功力。

三是不能没有态度。

写作教育随笔的目的是通过具体的事件引导读者关注事件本身所蕴含的教育教学道理，这需要作者具有丰富的学识、公正的立场、鲜明的观点，以及较强的文字表达能力。教育随笔最忌讳选材不典型，叙事拖沓无重点，文中观点和态度模糊不清，让读者云里雾里，不知所以。

在快节奏的社会里，人们喜欢的是那种清晰明快的文风。因此，写作教育随笔，应该抱着“我手写我心”的态度，用清晰明白的文字把它们表述出来。在行文时，还要遵循两个原则，一是自己没有理解好的话不写，二是自己不相信的话不写。自己都没有理解好，自己都不相信，你却赫然写在文章里诱导他人，那不是自欺欺人吗？另外，我们还要充分利用汉语讲究韵律、平仄、对仗及铿锵有力、朗朗上口等特点，尽可能在行文时让你的文章有节奏感、有韵律美，让别人读完你的文章真正能够获得知识的积累、情感的陶冶、美的享受！

用教育随笔的形式对整个教育领域和自身教学生活中出现的事件进行反思，有利于提高教师的认知水平和理论素养，有利于推动教育教学的改革与创新。一个经常写作教育随笔的教师就是一个具有成长型思维的人。通过持之以恒的反思与写作，不知不觉就走在了专业成熟的路上。

四、教育随笔与教育故事的异同

教育随笔与教育故事都取材于教育生活，教育随笔多为从现实或过往教育生活中截取一些片段，来以例证理，行文时分析、论述多于记叙，文中论点、论据和论证一般都齐全，想要在文中表明的道理往往显而易见。

教育故事比较讲究故事叙述的完整性，必须有人物，有时间、地点，有情节，还要有事情的经过和结果。所要表达的观点和看法一般蕴含在故事之中，读者需仔细玩味、认真思考才能得之。

五、教育随笔例文

纷繁复杂的教育教学生活都可以作为教育随笔的内容，当然，作者必须对所要论述的内容有取舍，选出既有普遍性又有典型性的事例加以阐述，这样才能达到以事寓理、以理服人的目的。具体而言，可以从微观、中观和宏观三个方面来论述。

下面两篇例文分别是从宏观和微观两个层面来落笔的。

（一）从宏观教育生态角度落笔的随笔例文

名师的业余生活管窥

程红兵

爱因斯坦曾经说过："人的差异在于业余时间。"一般说来，人的业余时间还是相对自由的，基本上受自己支配，由此就可以看出人的价值取向与文化习惯。看看名师的业余时间也可以了解何谓名师，管中窥豹，借以了解这一时代的学校文化风俗。

有一类名师的业余生活是在研究教育、研究教学过程中度过的，他们当然也会出席相关的一些会议，但把更多的时间给了专业研究，很努力地研究了一些教育现象，也上了一些公开课，也发表了一些论文，虽然始终没有特别大的名气，但他们主观上并不认为自己水平不行，而是认为自己没有那些名气很大的名师那么幸运，没有相对好的机遇，没有遇到真正赏识他的伯乐——或者是上级伯乐，或者是同行伯乐，或者是媒体伯乐，但是他们并不甘心于此，于是仍然比较认真地努力着。他们中的有些人继续研究着相关专业的课程和教学，业余时间是在研究中度过的，研究专业，研究学生，不时地看书学习，不时地发表一些文章，也执着地在一线上课，并不时上一些研讨课、示范课，一有机会也仍然申报课题，虽然依然是不温不火，他们也自得其乐。应该说他们是值得尊敬的一些人。

有一类名师的业余生活是在各种会议、讲课、报告中度过的，他们或早或晚成名，或因各级课堂教学大奖赛出名，频频上课，频频示范，因而博得名声，从此在教坛上占据了一席之地。或因教学论文常常发表在各种教学刊物上，且有几篇颇为大家所关注，于是被各级教师培训机构看中，被邀请讲学，多次讲学，多次反复，不断改进，的确也提高了讲座的水平，在教坛上也占了一席之地。或因任职名校校长，或多或少做了一些有益的改革尝试，被媒体关注，主动、被动地做了不少宣传工作，赢得了同行的点赞，自然也占据了基础教育界的一席之地。也许他们在教育领域里也曾做过一些贡献，但时过境迁，他们的心态慢慢也发生了一些变化，热衷于以名校长、名师自居，到处传经送宝，在学校的日子越来越少，在课堂的日子越来越少，在报告厅的时间越来越长，开会的时间越来越长，他们的生活常态发生了位移，校外生活占据多数时间，校内只占少数时间。

一句话：为名所困，为名所累。

还有一类名师，他们有的已经小有名气，但总觉得不够，距离心中目标还差点火候，特别在意名号。叔本华说：“人性一个最特别的弱点就是：在意别人如何看待自己。”因此不管怎样，他们仍然继续追求，只是他们追求的途径和方式有些改变，不再追求专业，而是转而追求人，去攀附权贵。去攀附学术权贵，可以给他们带来论文、课题、学术奖励。去攀附行政权贵，可以给他们带来职称晋升、职务晋级。他们的业余时间主要用在聚会、聚餐上，今天出席这个聚会，明天主动召集那个聚会，聚会常常伴随着聚餐，有时也打着相关的名义，但却不真正与专业有关，聚会聚餐却不聚焦教育教学，聚会聚餐却不聚力研究专业，在觥筹交错之间，实现和领导走近、博得领导好感的目的。聚餐结束，继续活动，以前是洗脚，现在是唱歌，泛娱乐化生活。尼采说：“不能听命于自己者，就要受命于他人。”为此牺牲掉个人尊严，委曲求全，曲意逢迎，献媚讨好。而作为教师身上那种清高的儒生人格一点点被销蚀，不知不觉地变成世俗人格、犬儒人格。亚里士多德说：“我们每天反复做的事情造就了我们。”这些名师们反复做的事情成就了他们的人格。名师的犬儒化人格，必然影响学生人格，从而影响未来社会。其实当今社会，一些领域的知识分子出现世俗人格、腐儒化人格已经成为一种现象。究其原因，这些教师追求成为名师的目的是要得到名师的荣誉称号，如特级教师，正高级教师；再进一步追问，他们追求名师荣誉称号是要得到这些东西所能带来的职务，比如校长，园长；再往下追问，他们追求校长、园长职务是要得到职务带来的利益、权利、地位。一言以蔽之：一切皆为利来。正因为这样，他们为此不惜一切，于是他们的业余生活娱乐至俗，最终娱乐至死。

如此一来，这些人的思想越来越贫困化，社会所给予的精神奖励都走向世俗化，社会所给予的荣誉称号都走向娱乐化，这是十分可悲的。亚里士多德说："人生最终的价值在于觉醒和思考的能力，而不只在于生存。"真不知道这些人何时能够觉醒，是否能够觉醒，思考自己的生活，保持自己做教师的尊严，而不再是为了蝇头小利自甘堕落。

柏拉图说过："我们一直寻找的，却是自己原本早已拥有的；我们总是东张西望，唯独漏了自己想要的，这就是我们至今难以如愿以偿的原因。"我们现在都喜欢说不忘初心，什么是教育工作者的初心，原本是教师早就有的。叔本华说：“一个人只有在独处时才能成为自己。谁要是不爱独处，那他就不爱自由，因为一个人只有在独处时才是真正自由的。”但现实是教育越来越花了，也把教师们搞得眼花缭乱，教师原本是以教书育人为天职的，研究课程、研究教学、研究学生是教师的职责本分，但各种名师头衔把人们的视线引导到教育外在的、功利的目标上。英国哲学家约翰·洛克说：“你担心什么，什么就控制你。”当一个教师全身心扑在评选高级教师、特级教师、正高级职称的时候，他的心距离教育已经很远了，他已经被这些外在的职称、称号所控制。还是亚里士多德说得好：“幸福是把灵魂安放在最适当的位置。”教师也好，名师也罢，灵魂都应该安放在校园里，那个充满着琅琅书声的地方，而不是那所谓的名师称号、职称名头上……

◎**点评**

程红兵老师是上海市特级教师、特级校长，曾任上海市建平中学校长、上海市浦东新区教育局副局长、深圳市明德中学校长，现任上海金茂教育研究院院长。他一向以敢言敢为享誉教育界。

本文就是一篇敢言的随笔。作者针对当前名师的业余生活，首先从三个方面勾勒出他们的生存状态并加以分析：一类名师的业余生活是在研究教育、研究教学过程中度过的，他们是值得尊敬的一些人。另一类名师的业余生活是在各种会议、讲课、报告中度过的，热衷于以名师自居，到处传经送宝，为名所困，为名所累。还有一类名师，他们有的已经小有名气，但总觉得不够，距离心中目标还差点火候，特别在意名号。为了博取更大的名号，他们不再追求专业，而是转而追求人，去攀附权贵。因为攀附学术权贵，可以给他们带来论文、课题、学术奖励。攀附行政权贵，可以给他们带来职称晋升、职务晋级。他们的业余时间主要用于聚会、聚餐。文章最后，程老师引用名家名言提醒那些不求业务精进热衷聚会攀附的名师，“幸福是把灵魂安放在最适当的位置”。教师也好，名师也罢，灵魂都应该安放在校园里，安放在那个充满着琅琅书声的地方。

（二）从微观具体事件落笔的随笔例文

学生自杀与教师自救

最近十多天里，手机被某小学五年级学生在学校里跳楼自杀的各种消息和评论刷屏。至今，学生到底因何而死还没有详细的说法，网上更多的是揣测因语文老师作文评改不当行为所致，晒出学生的作文和老师批改的照片为证。事实到底是怎样的？大家都在翘首以盼最终的调查结果。据网上另一篇文章称，今年以来全国中小学生以各种形式自杀的就有20多人，具体情况不忍在这里详述。这些花朵过早飘零，最终让家庭痛苦不堪、让社会唏嘘不已，也冲击了教师职业的平静。从学生自杀事件中教师应该警醒，应该增强自救意识。我以为，身为教师要从以下三个方面做反思、谋自救。

一是做到目中有人。

几千年来望子成龙的意识和几十年来愈演愈烈的应试教育行为，让教师内心无比纠结。虽然绝大多数教师都明白“成人比成才重要”这个道理，可是，学校教育如果不去迎合家长的现实诉求和社会的功利目标，将被怀疑它存在的必要和价值。虽然教育改革一直在路上，可至今仍然没有跳出“考考考，老师的法宝；分分分，学生的命根”的怪圈。社会评价一所学校的唯一标准就是向上一级“好学校”输送了多少名高分数的学生，至于这批毕业的所有学生，他们的心理、性格和品德如何，基本上没有多少人提起。在这样的氛围之下，很多教师不自觉地成了应试教育的“帮凶”，目中无人，只有分数，甚至将每门学科的考试分数作为每位学生的代码。

校园里，教师眼前的学生都是一个个鲜活的生命，这是一个个知识在增长、身体在发育、性格在形成、精神在丰盈的生命，说错话、做错事是这群人身上普遍性的“毛病”。上面提到的20多个孩子的生命定格在了他们的童年、少年，这里面有社会、家庭等诸多因素，学校当然也是造成这种结果的重要因素，教师面对这些完整但不完美的“神兽”，教育时是疾风暴雨还是和风细雨?这就看教师有没有爱心，是否真正做到了以人为本，是否有走心的方式方法。教育家阿莫纳什维利说：“谁喜欢上孩子们一天到晚叽叽喳喳不停的叫声，谁就具备了成为一个优秀教师的基本条件。”老师只有树立起“目中有人，心中有爱”的教育理念，才会正视并容忍学生身上存在的这些毛病，才会“手中有法”去消解这些矛盾和问题，让学生健康快乐地成长。

二是站稳儿童立场。

苏霍姆林斯基说：“一个好老师意味着什么？首先意味着他是个热爱孩子的人，感到跟孩子交往是一种乐趣，相信每个孩子都能成为一个好人。善于跟他们交朋友，关心孩子的快乐和悲伤，了解孩子的心灵，时刻都不忘记自己也曾是个孩子。”说得多好啊！“时刻都不忘记自己也曾是个孩子”，提醒我们在教育教学过程中要站稳儿童立场，要有一颗童心。教师不能用成年人的思维去面对儿童和他们的世界，应该从儿童的立场、视角和思维出发去对待他们世界里的人和事。如果做不到这些，我们有些教育活动只会给孩子带来伤害。

教育家陈鹤琴先生说：“常人对于儿童的观念之误谬，以为儿童是与成人一样的……所不同的就是儿童的身体比成人小些罢了……我们为什么叫儿童穿起长衫来？为什么称儿童叫‘小人’？为什么不准他们游戏？为什么逼他一举一动更像我们成人一样？这岂不是明明证实我们以为儿童同成人一样的观念吗？”因此，拥有一颗童心，站稳儿童立场，尊重儿童文化，应该是教师的基本职业素养。

三是具备多元视角。

小学生坠楼事件，焦点集中在语文教师对学生作文的批改上，自媒体上多数文章认为，是语文老师在学生作文本上写上“传递正能量”的批注，伤到了十岁孩子的自尊，才促使她走上不归路的。而语文老师之所以写上“传递正能量”五个字，是因为这个学生在一篇《三打白骨精读后感》的作文里，写了这样一段话：“这篇故事告诉我们：不要被表面的样子，虚情假意伪善的一面所蒙骗。在如今的社会里，有人表面看着善良，可内心却是阴暗的。他们会利用各种各样的卑鄙手段和阴谋诡计，来达到自己不可告人的目的。”

我不想在“正能量”“负能量”这样的词上做文章。我想说的是，面对学生的答案不在教师思维范围内的问题，教师要回到儿童立场上来，不能用成年人的一个标准、一把尺子去衡量，而要用多元视角去看待、评判一件事物，这样也许能让师生心地“两宽”。大家都熟悉这么一个教例：在一次小学生的语文考试中，有试题为“雪化了变成什么？”结果一个学生答道：“春天。”这是一个富有想象力和艺术性的回答。结果被教师判错，因为标准答案是“水”。

还有一个教例，老师在课堂上问：“树上有五只鸟，被人用枪打死了一只之后，树上还剩下几只鸟？”一个学生答道：“还有三只。”老师大惊，忙问：“你怎么知道的？”学生说：“鸟爸爸被打死了，鸟妈妈吓得飞走了，剩下三个孩子还不会飞。”这也是一个充满情感而又十分现实的回答，结果被老师批为“胡思乱想”。这次坠楼的小学生说“不要被表面的样子，虚情假意伪善的一面所蒙蔽”，只要联系《西游记》中的相关章节和人物，就能确定学生说的没有错，书中确有被伪善蒙蔽的情况。老师应该想到这是众多学生中的一种看法并允许它存在，而不应该简单粗暴地用学生还不太理解的词或话语去评判。课堂内外教师要千方百计保护学生的好奇心和创新意识，因为这是我们今天的教育最为稀缺的东西。

学生的情况千差万别，因各种原因引发的自杀现象肯定不会“到此为止”。身在校园里的教师面对这种情况肯定是心惊肉跳的，这也给教师的人生带来了诸多的不确定性，很多教师因此终日小心谨慎、焦虑抑郁。我以为，教师在教育教学过程中做到目中有人，站稳儿童立场，具备多元视角，如此“以不变应万变”地展开自救，自己的职业生涯或可轻松些、顺畅些。

◎**点评**

2020年春天，除了突如其来的新型冠状病毒在中国肆虐引起媒体高度关注外，在教育界还有一件事情引爆了舆情。这就是一位五年级小学生的跳楼自杀事件。学生家长将孩子自杀的责任全部推给学校和语文教师，认为孩子自杀是语文老师在批改孩子的作文时写了“传递正能量”五个字。网络舆情顿时一边倒，给学校和当事教师以很大的压力。虽然后来经过调查认定孩子自杀责任并非全在学校和教师，孩子父母在这个事件中也负有相当大的责任，因为出事前孩子父母正在闹离婚。

此事件让所有教师眉头一皱、心头一紧，感觉自己的职业存在很大风险。针对当时舆情和教师们的担心，我写下这篇随笔，由一个具体的事件说开去，从教师在教育教学中应该持有的态度和原则出发，提醒教师要学会“自救”。

练笔建议

就你所遇到的下列情况写一篇教育随笔。题目自拟，3000字左右。

1. 最难忘记的一名学生是谁？他可能不很聪明，却让你感到自己努力工作的价值。

2. 你读书时可能看到书中的一段话、一个句子，突然就让你潸然泪下。

3. 关于教师成长，你有什么看法和建议？

第6课

国事家事事事关心

——教育时评的写作

一、什么是教育时评

时评，是时事评论的简称。它是传播者借助大众传播工具或自媒体对刚刚发生或发现的新闻事实、现象和问题，在第一时间表达自己意愿的一种论说形式。

教育时评是时评写作中的一种，它既和当前发生的教育领域里的新闻密不可分，又比单纯的新闻事实更为深入，它要求通过对教育新闻的深开掘、精加工，发现那些具有普遍意义的新颖而有价值的内容，言明观点，表明态度，从而引领人们的视听。

面对纷繁复杂的社会生活和教育生态，作为其中一员，是视而不见作壁上观，还是冷静判断积极参与？这是衡量教育人是否具有担当精神的指标之一。林则徐有言，应视国事为家事，能尽人心即佛心。拿起笔来歌颂那些师德高尚、业务精良的教育人，对违背教育伦理的人和事进行无情鞭笞，提醒人们明辨是非，这是一种于己于人都有益的事。长期坚持写评论，对提高自己的研判力、表达力都有帮助。

二、教育时评特点

1. 追根溯源，体现事件的新闻性

教育时评，就是针对近期教育领域某个热点展开评论，发表自己的见解或主张。所评的对象往往是教育教学生活的客观再现，其本身没有明显的是非对错，需要写作者对其进行认真审视、判断，确定自己的评价标准，发表自己独到的见解。所以，教育时评的写作，就是由表及里，透过现象看本质，挖掘、剖析事件背后的真相，揭示事件发生的根源，体现思考的深度。具体来说，就是沿着“为什么”这条思考路径，对事件中的行为或结果层层剥笋，探究其深层的根源，揭示其内在的本质，使内容逐步深化。这样的论证模式，缘其事，析其理，可明得失、辨真伪，既能体现思维的深刻，又能体现立意的新颖，可谓一箭双雕。同时，它要求在事情发生后的公众关注度和舆论凝聚度达到一个峰值之时，快速做出评论。因为这样因时而评，评论的传播效率也最高，能迅速凝聚关注，起到引领事件发展的作用。

2. 辩证分析，体现事件的客观性

“一分为二”是辩证唯物主义的观点，是我们对待现实生活应有的态度。“一分为二”指事物作为矛盾的统一体，都包含着相互矛盾对立的两个方面。所以，教育时评写作必须以已经发生的新闻事实为依据。但是时评并不等于重复一遍新闻事实，必须缘事而发，寓理于事，通过分析新闻事实做出价值判断。同时，写作时评时要用联系的、变化的、对立统一的观点全面看待问题，既要看到积极的一面，也要看到消极的一面。不能偏执，顾此失彼，也不能绝对地肯定或否定，暴露思维缺陷。辩证分析时，对是非双方不宜平均用力，而应分清楚主次，安排好详略，使文章观点鲜明，主题突出，不要让读者感到模棱两可，不知所云。

3. 归纳提升，体现事件的教育性

教育生活丰富多彩，用来写作的材料内容也是丰富多彩的。从命题的情感倾向上看，这些材料主要包括正面或负面两种，即材料内容要么是积极的、值得提倡或肯定的，要么是消极的、应予以禁止或否定的。审题立意时，对正面材料要着重论述事件的积极意义，如作用、价值、功能、影响等；

对反面材料要着重揭示事件的消极影响，如危害、弊端、诱惑、恶果等。针对这一特点，写作时要对正面事件的意义、功能或反面事件的危害、恶果等进行全面的概括总结，使之条理分明，集中凸显，给读者留下深刻的印象，从而使读者明辨是非得失，受到警醒启迪。

教育时评与教育随笔主要有两点不同：一是内容上，教育时评更注重新闻性和现实性，即刚刚发生在教育领域里的事件，特别强调时效性；而教育随笔则可以将当下发生的事件与之前发生的事件进行整合、比较，从中抽出论述的中心，因此可以是多角度的评议。二是篇幅上，教育时评一般篇幅较短，往往是一事一评，一般在一千字左右；而教育随笔则篇幅不限，三五千字也可以，只要言之有物、言之有理。

三、怎样写好教育时评

1. 选题要有现实性和典型性

要写好一篇教育时评，前提是要选择一个好选题。好选题主要是有现实针对性，能引发人们对教育问题思考的选题。这样的选题大致可以分为四类。

一是对教育工作者或受教育者产生重大影响的政策、事件。如“北京出台规定，高校教师离岗创业可保留职称”“中小学教师职称改革，改变过分强调论文、学历倾向，并对农村和边远地区教师倾斜”。

二是争议较大的教育新闻。如“学生给老师打伞事件”“高校允许学生考试带‘小抄’”。

三是专业性较强的教育问题。如“工读教育为何遭遇困境”“职业教育师资短缺问题如何解决”。

四是作者从生活中、工作中、书本中发现的问题。如《中国教育报》“中教评论”栏目里的一些时评，都有这样的特点。

2. 行文时要有清晰、严密的逻辑性

刚刚学习写作时评，容易出现文章层次不清，内容颠三倒四，论据和论点“两张皮”的情况，有时甚至自相矛盾，这在很大程度上是逻辑不清造成的。具体而言，有以下几种情况。

（1）以偏概全。比如有些作者依据所在地区教师工资偏低的现实，就得出结论：教师行业是工资偏低的行业。显然，一个行业的工资不能单看某个地区的情况，有些地区的教师工资在众多行业中处于中上水平。

（2）感觉谬误。知名评论员曹林在《时评写作十讲》中提到，一些评论者凭想象和感觉想当然地做出的判断和推理，符合人的直觉，但并不一定符合事实。如有作者在评论“中国最小诗人”梁胜杰时，写了这么一段话：“小小年纪的他已经在《诗刊》《南方日报》等报刊发表过作品，也注册了加‘V’的新浪微博，这些光环看起来很迷人，但一个9岁的小孩懂得吗？这些投稿以及微博注册不过是其父母的苦心钻营罢了。”这些话看似很有道理，但新闻报道中并未提到这是其父母经营的，作者跟这个孩子并不相识，也没有明确的证据证明“孩子不懂，是父母苦心钻营的”，只是根据日常经验猜测罢了，因此，说服力不够。

（3）反问谬误。经常有作者以“如果你是受害者，你会有什么反应”这样的反问来驳斥某个观点，试图证明自己结论的正确性。如有作者在评论“大学生掏鸟16只被判10年半”的新闻时写道：“在不知情的情况下犯下大错，已经给这位大学生和他的家庭造成了损失，如果就此把他钉到耻辱柱上，危害比售卖国家二级保护动物大得多了……去年高考前夕，陕西省长武中学6名高三学生围殴老师，造成老师头部受伤的刑事案发生后，警方不是也能照顾到考生的‘人生大事’，没有立刻进行批捕，而是在考后处理的吗？”评判一种行为正当与否，标准应该是事实、法律、知识、常识等客观依据，而不能是同情。再说，“学生围殴老师事件”的处理方式本来就值得商榷，不能因为有这个不合理的先例，就证明后来的不合理行为合理了。

3. 论述要做到可信、贴切

一篇优秀的教育时评必须立足当下的教育现实，自觉地把自己的评论关怀与这个时代结合起来，议论要做到纵横捭阖。

（1）联系现实，拓展议论

引发评论的新闻事件往往并不是偶然、孤立的事件，因此联系现实生活中其他事例，运用归纳分析法，在列举多个典型论据之后，对这些论据比较分析，或归纳总结出它们的共同点，或在对比中分析两者的差异，将结论扣在要证明的论点上。

联系现实一般有两种方式，一是“个例”，就是具体的事例，要紧扣中心观点，选择一个典型事例，比较详细地叙述下来。二是“泛例”，就是概括性的社会现象，它舍弃了具体人物、时间、地点等因素，是概括归纳出来的一类泛指“事物”。

（2）剖析危害，纵深议论

剖析危害常用假设分析法，即假设材料中能达到的某种结果的条件不存在，将会出现什么样的结果。还可以同时与原条件下的结果进行比较，在两种结果的鲜明对比中或体现危害，或提出解决方法。

（3）提出措施，延伸议论

面对问题，提出意见，给出问题的解决方法也常常是教育时评中重要的一部分。因此，厘清事件之中涉及的不同主体，同一主体的不同方面，针对性地提出解决措施，将措施逻辑化排列，就成为这一部分的关键。

很多作者在论述时喜欢引用一些信息、数据作为论据，但必须确保这些信息有权威来源，与事实和观点贴切，警惕“野鸡数据”。常常看到一些作者在论述我们国家教育工作某些方面做得不好时，会举例说“××国家采取了……的措施”，但并未交代清楚是从什么渠道获得这些信息的，是新闻报道、学术专著、自己的亲身见闻还是某个论坛匿名网友的发帖？也未交代清楚采取这些措施的背景、条件、效果，可信度和说服力自然不足。

还有的作者在引用数据时，不考察统计是否科学，样本是否足够有代表性、是否过时。有些信息和数据很符合人们的偏见和情绪，但并不符合当下的事实和最新的情况，因而缺乏说服力。同时要注意引述的法律条文、政策文件必须准确无误，且是最新规定。

写作教育时评，不仅需要扎实的文字功底、灵巧的表达方式，更需要丰富的知识储备、强烈的问题意识和敏锐的思维。所以，写作此类文章，在勤奋写作、训练技巧的同时，还要养成阅读、思考、搜集材料的好习惯。

四、教育时评例文

下面，从社会、学校和家庭三个层面列出三篇时评，给大家提供落笔的视角。

（一）从社会层面落笔的教育时评例文

“学校人”变“系统人”彰显优化管理

湖南省浏阳市浏阳海中学　周芳元

近日，教育部、财政部、人力资源社会保障部联合印发了《关于推进县（区）域内义务教育学校校长教师交流轮岗的意见》，对加快推进县（区）域内义务教育学校校长教师交流轮岗工作进行了全面部署。

教育均衡发展是我国教育发展的关键，而师资均衡又是教育均衡发展的关键。使教师由“学校人”变为“系统人”，可以最大限度满足教育均衡发展的师资要求，有效遏制择校现象，从而进一步促进教育公平发展。

近年来，我国加大了农村薄弱学校的建设力度。但是一个不容忽视的现象是，农村学校留不住优秀教师，农村学校的优质生源也在急剧减少。宽敞明亮的教室，学生寥寥无几，教师精神颓废，学校毫无生机。城市名校高昂着头颅遥遥领先，乡村弱校耷拉着脑袋步履艰难，城乡教育生态迥异。

从学校的老师到县（区）域的老师，不只是教师空间范围的变化，而且是将教师置身于一个更为广阔的空间。通过合理的配置，让每一位教师都能回归到最需要最适合自己的位置，使各学校的师资都能得到最优化配置，从而缩小校际差距，促进区域内学校之间的良性竞争，带动整个区域的教育发展。“县管校聘”立足的是区域教育的大局，极力打破强强组合和弱弱组合僵局，着力于师资结构的最优化配置，是教育均衡发展的必经之路，是一种科学的统筹管理方法。

目前形势下，这种管理模式依然面临着诸多的难题：科学合理的教师交流轮岗制度是落实“县管校聘”管理的保障，各县（区）都有着自己独特的实情，还需要各县级教育行政部门会同有关部门从实际出发去制定；基于学生之上的教师、校长和县级教育行政部门的深度链接还有待加强，教育管理的成本还会加大；教师交流轮岗的主观愿望和县（区）学校的客观需求矛盾将进一步激化，让教师安心从教和幸福从教将成为一种挑战；教师交流轮岗后的适应性和教师将要被交流轮岗的积极性，都将极大程度影响学校教育教学水平的发展，有关这些衔接的机制需要尽快修订和完善；农村教师的地位和待遇还有待进一步提高；学校的发展性评价还有待进一步加强；职称评定、人事档案管理和退休管理服务还有待进一步完善……

面临的问题确实不少，但是教师交流轮岗却是刻不容缓。我们有些老教师几十年如一日地坚守在贫瘠的乡村教育大地，他们的这种奉献精神让人感动，但是他们当中还有着一些落后的思想观念，甚至有些教师依然坚持着十几年前的模式。通过交流轮岗，让他们与时俱进掌握新的思想观念和教育教学技能，于己于生都受益无穷。我们的优秀青年教师，有着最新的专业技能，他们有想法、善思考，通过交流，让他们的这些思想和技能到广阔的乡村大地上落地生根、开花结果。很多时候，教育改革的难题就在教师交流轮岗中碰撞激发出火花，最终迎刃而解。

“我想去哪里，就拼命往哪里挤；哪里需要我，我就去哪里”，源自教师的不同选择，则会对区域教育的发展有着截然不同的深远影响。将教师融入“系统人”当中，最需要解决的问题是一种双方需求的对接，必须坚持以人为本、刚柔相济的原则，要以政策引导为主，行政手段为辅，努力做到让教师乐意流动，用人学校愿意接受，双方都能主动积极配合，服从县（区）教育统筹大局。唯其如此，才能真正实现师资均衡。

◎**点评**

多年前，有的地方为了促进教育均衡发展，制定了教师在一定区域内轮岗的政策。这一情况被媒体报道后，引来不少议论，说好说坏的都有。如何看待这一新鲜事物呢？上文作者旗帜鲜明地拥护这一政策，文章从师资均衡是教育均衡的关键入手，分析了教师轮岗的好处，同时也摆出了要做好这件事将会遇到的困难，提出了做好教师轮岗的建议。最后，作者确信："学校人"变成"系统人"彰显优化管理。今天，全国很多地方都在实施教师轮岗制度，说明当时作者的思考是有生命力的。

这篇教育时评的作者周芳元是一位农村中学的思政课教师。参加工作20多年来，他勤于阅读，善于思考，精于总结，是当地主流媒体和全国多个报刊的专栏作者。至今已在全国各级各类报刊上发表教育文章400多篇，出版了个人专著《教师的思考力》。他的这种孜孜不倦的精神值得我们学习。

（二）从学校层面落笔的教育时评例文

学校评先评优不可游戏化

岁末年初，又到了评先评优的节点，在大多数中小学校，上至校长，下到教职员工，都将之看作一项十分重要的工作。可也有学校把这项工作视为"烫手的山芋"，反而用游戏心态对待，因为评先评优一般有名额限制，很容易得罪人。于是，原本严肃的工作就出现了游戏化、娱乐化的倾向，具体表现为"排排坐分果果"。

实际上，这种方式对学校教育工作的开展并无裨益。

众所周知，学校每项工作都要靠全体教职员工一心一意地落实，在具体落实的过程中，人与人之间因为职业认同、素质能力等差异，工作效果也会不同。如果不通过科学的考核方案去评价，最终落实多劳多得、优劳优酬，那学校的公信力何在？而且，游戏化的评优方式对增进同事之间的感情无益。我曾与一位中学校长交流，这位校长认为学校里理想的管理是文化管理。有一种健康向上的文化氛围在校园里荡漾，让教师在这样的氛围里感觉到工作是快乐的，人生是幸福的。最可怕的是一种消极颓废的文化氛围在校园里游走，这样会让师生处处纠结不已，时时只想着如何逃离。

不负责任的评先评优考核对教师自身发展也无益。每位教师的内心深处都有成为好老师的愿望，都希望得到学校领导和各位同仁的肯定与好评。自然都希望年终将一年的工作拿出来“晒一晒”，一旦付出与回报不符，难免心灰意冷。

这种将年度评先评优工作游戏化、娱乐化是从什么时候开始的？现已无法考证。记得20世纪80年代，我所在的学校有一个评优指标，校长通过摸底发现有两个教师符合条件，于是安排他俩在全校教职员工大会上述职。

两位教师都列出了自己的教学成绩和班主任工作。一位教师表示，班上有学生生病，他总是第一时间亲自送医院。另一位教师则说："我每天早晨带着学生跑步做操，学生从年头到年尾没有生病的。"结果可想而知。此事虽已过去30多年，但我依然记忆犹新。

因此，一年一度的总结评比，还是要认真对待。对学校而言，可以通过总结成绩、查找不足，提振信心，让所有教师都有满满的获得感。对教师个人而言，可以通过述职，尽可能晒晒自己的不平凡，把成绩讲够，把不足讲透，给同伴以学习和查找自身不足的借鉴。如此这般，才真正让年度评先评优工作起到它应有的作用。

◎点评

这篇时评的写作源于一位教师发给我的一则短信。他说到所在学校年终评比的乱象，我看了之后心情久久不能平静，感觉这么一项严肃的事情如果游戏化，会对学校的整体工作产生不良的影响，于是提笔写下这篇短文。文章从"烫手的山芋"这个比喻入笔，说到碰到这类事情必须严肃对待，并从正反两个方面举例说明为什么要这样做。结尾提醒必须按要求、循规定做好年度评优评选工作，只有这样，才能让这项工作起到应有的作用。

（三）从家庭层面落笔的教育时评例文

培育有素养的孩子离不开家教筑基

一个完整的教育体系应该包括家庭、学校和社会三个部分。家庭在整个教育体系中是基石，其重要性不言而喻。这块基石牢固，教育大厦才能立起来。从现实情况看，家庭教育还没有很好地承担起应有的职责，很多时候处于缺位状态。孩子的性格特点、行为习惯、内心深处的爱与责任等基本上是在家庭中养成的。家长对孩子这些品质的培养可以通过言教、身教和“境教”来实现。

言教是家庭中一种重要的教育方式。当孩子处于懵懂状态时，家长要用平等的态度、亲切的言语、鲜活的事例，引导他们在纷繁复杂的事物中辨真假、明是非，养成向善、尚美、求真的意识。有效的言教，一是家长能够选择发生在孩子身边的典型案例，以例说理、以理示人、以理服人。不是说一些自己都不相信、不理解的大道理。二是家长自身要有正确的世界观、人生观和价值观，这样才能将孩子引入阳光大道。如果家长自身“三观”不正，言教就不是诲人而是“毁人”了。三是家长的言教不能居高临下、絮絮叨叨，更不能有求饶般声泪俱下的表现。法国教育家卢梭早就说过，世界上最没用的三种教育方法是：讲道理、发脾气、刻意感动。

中国自古就有“身教重于言教”的理论，以身作则是身教的原则。作为家长，必须做到言必信、行必果。要求孩子做到的自己先做到，要求孩子不做的自己坚决不做。我们常说“最好的教育是陪伴”。陪伴就是身教，陪伴又分为有效陪伴和无效陪伴。如果家长要求孩子读书、做作业时，自己也拿起书来读，这就是有效陪伴，也是最好的身教。如果家长人在孩子身边，实际却在看电视或玩手机，这样的陪伴就是低效甚至是无效陪伴，因为它无法产生教育的力量。现在，党和政府对劳动教育非常重视，家庭中培养孩子劳动意识和能力的条件可谓得天独厚。家长不妨从家务劳动入手试试看：一是示范，让孩子学有榜样；二是放手，让孩子依据长辈的指点完成必要的劳动任务。

“境教”在于营造一个互相关怀、坦诚相待、共同进取的温馨氛围。家长希望孩子成为一个有礼貌、懂规矩、守信用、爱整洁的人，就应该让家里的每一个人和每一件物品都具有教育作用。例如，一个人的教养大多在餐桌旁形成。家长在餐桌上营造良好的氛围，直接影响孩子的为人。现在，很多家庭都舍得花钱给孩子买玩具、买书籍，而孩子用后将它们丢得满地都是。如果家长有"境教"意识，要求孩子将这些玩过、读过的东西收拾好，摆放整齐有序。这样既可以培养孩子珍爱物品（特别是书籍）的意识，又可以培养孩子放物有序的习惯。

家庭教育中，言教、身教和"境教"缺一不可，其中身教尤为重要。因为对孩子而言，最有用的教育就是让他们看见父母一直在努力成为更好的自己。培养有素养的孩子离不开家教筑基。

◎**点评**

家庭教育是当前我国教育体系中的短板。很多家长既没有教育好子女的意识，也没有相关的好方法，把教育的责任全部推给了学校。面对这种情况，我觉得有必要对家庭教育发声，于是，从言教、身教和"境教"阐述在家庭教育中三者缺一不可，特别强调了身教和"境教”的意义和作用。值得庆幸的是，《中华人民共和国家庭教育促进法》于2022年1月1日正式实施，家庭教育有法可依，相信这一短板不久将不会再短。

练笔建议

1. 学生跳楼、家长退群等热点事件频发，你对这些事件怎么看？写一篇时评，题目自拟，1000字左右。

2. “减负”年年提，可是减了没有？根源在哪里？我们能做些什么？写一篇时评，题目自拟，1000字左右。

3. 评职称成为许多老师心底的伤痛，你有什么建议呢？写一篇时评，题目自拟，1000字左右。

第7课

读而后思丰盈人生

——读后感的写作

一、读而后思有意义

读书应该成为教师的生活常态。面对浩如烟海的书籍，教师要有精读博览的意识。对有益于自己专业成长的书籍，读后写下感想，正所谓你有“斗酒”我有“诗”。这个写读后感的过程，既是对所读之书内容的一次梳理，更是对自己的思维能力、写作能力的一次锤炼。经常做这项工作会增添阅读的兴趣，丰富自己的精神生活。

对教师而言，读后感的写作具有广阔的空间。因为教师是终身学习者，很多教师立志过一种与读写为伴的生活。他们在家里、在学校都是以学习者的身份出现。这样，他们就有了源源不断的写作资源，就能在一种读写的状态下丰盈每一天，获得充实而幸福的人生。

要写好一篇读后感，前提是认真阅读一篇文章、一本书。

因为，按照叶圣陶先生所说，阅读和写作，一个是汲取和输入的过程，另一个则是释放和输出的过程。如果你没有认真看，没有将作品看懂、读通，并下意识地思考它的观点和内容，就很难从整体上把握作者的写作意图，以及作品的精妙之点或值得商榷之处。认真仔细阅读了一篇文章或一本书后，有了不吐不快的感觉，旋即拿起笔或在电脑前把这些感觉记录下来。这样，一篇读后感也就差不多完成了。

二、怎么写读后感？

读后感的基本功能是记录阅读感受、阐述理解、寻求意义。在阅读过程中，总会有某些地方触动自己，一边阅读一边将自己的感受和体会记录下来，这样就迈出了写作读后感的第一步。

读后感重在一个“感”字，必须是有感而发。不一定要对整本书做出价值判断，只要在某些方面有感触，就可以写出自己的心得体会。阅读整部作品之后再回过头来看记录的这些感受，会发现有些是可以组合在一起，从不同的角度说明一个观点，帮助自己进一步理解作品。如果能够找到几个观点，就能进一步凸显作品的意义了。

写作读后感没有必要面面俱到。读完一篇文章、一本书后，如果对里面的一个观点或一小节内容特别感兴趣，感觉有话要说，就可以从这个观点或这一小节内容引申出去，阐发自己的观点和想法；当然，写作者也可以将书中与自己的兴趣和职业相关的内容提取出来，就这些内容畅谈自己的感想，而不用去管其他领域；写作者还可以对整本书做评论，发表自己的看法和观点。

三、读后感写作的方法与步骤

第一步：读好原文。读后的“感”是因“读”引起的，因此，读好原文是基础。读后要了解：这篇文章、这本书的主要内容是什么？作者的写作目的是什么？

第二步：选准感动点。一篇文章、一本书可能有很多的感动点，要选择其中最重要、角度最新颖、现实针对性最强、自己感受最深的一两个点落笔。

第三步：拟定题目。读后感的题目一般有两种：（1）直接拟题：如读《××》有感、《××》读后感、我读《××》。（2）

以感点为正题，以“——读《××》有感”为副题。

第四步：基本步骤为引—介—议—联—结。开头——“引”，用一两句话点明原文，说明感动点。中间——“介”，介绍原文与感动点相关的内容，以便引出下文。“议”，用简洁的话对原文加以议论，引出下文的“联系实际”。“联”，联系所了解的社会实际或自己的生活、工作实际，与感动点进行对比、联想。这部分是读后感的重点，要详写。结尾——“结”，再次强调感动点，总结自己读后受到的启发或教育。

四、读后感的三种样式

读后感可以以多种样式呈现，从内容上看，可以有以下三种。

（一）阅读后与原作者商榷观点

◎写作背景

我们在平时的阅读中，不能只是过眼而不过脑，如果只是过眼，那将不辨真伪，有时还会妨碍自己的价值判断。因此，阅读时一定要有批判性思维。在读完一篇文章或一本书的一个章节后，要有意识地回味下，它说得对吗？内心赞同文章（书）中的观点吗？这样经常性的追问，遇到不同观点就写文章与人商榷，能够增强自身的思维力和判断力。

进入21世纪，我国进行了第八次基础教育课程改革。一时间，新的理念、新的做法层出不穷，其中，“教师是首席学习者”“教师要成为写作者”的理念也在逐步被广大一线教师接纳。教师如何学习和如何写作成为当时媒体关注的焦点，正在这时，我在《教育时报》上看到一篇文章，文题为《教师要多写论文》。文章的主要观点是，新的世纪，新的课程改革，要求我们的教师要多写论文。我看完之后陷入了沉思，一线教师真的要多写论文吗？他们现有的知识储备和研究能力能写出很多论文吗？处在教育教学生活前沿的教师，鼓励他们多写教学后记、教育故事和教育随笔这些教育记叙文才有可能啊！于是，我对这篇文章的观点持商榷态度，迅速写下文题：《教师要多写教育记叙文》。文章写好后，发给了《教育时报》。该报不到一个月时间就发表了我的这篇短文。也许，编辑认为我的观点更符合当前一线教师的写作实际。

◎例文

教师要多写教育记叙文

看到贵报（《教育时报》）上刊出提倡中小学教师多写论文的文章，对此我有不同的意见。我认为作为中小学教师，他们的主要阵地在课堂，他们的服务对象是学生。他们在校园内外，在课堂教学中，通过与学生的对话交流，“润物无声”地体现因材施教、有教无类的教育原则，落实立德树人的育人目标，从而演绎出一个个鲜活的教育故事和教学案例。他们若能在教育教学过程中把这些故事、案例记录下来，最好的记录形式就是经常写教育记叙文而不是写论文，因为教育记叙文更能够促使教师不断地反思、总结与提升。

教育记叙文就是教师把发生在自己身边的富有价值的教育事件和具有意义的教学活动等用生动的语言记录下来。它一改教育科研论文那种“板起脸孔说话”的形式，把教师日常的教育教学经验组织成有价值的事件，串缀成有现实意义的链条，将看似平凡普通、单调重复的活动赋予独特的体验和韵味。这样，把教育问题的学术研究回归到鲜活的现实中，使理论研究返回思想的故里，使教育研究融入实践的滋养。

这种教育记叙文所记叙之事是教师在日常生活、课堂教学、研究实践等活动中曾经发生或正在发生的事件。具体而言，它可以是教师的日常行为背后所内隐的思想，教师的生活故事当中所蕴含的理念，教师行为获得的理论支撑；它可以是教师在校园里的举止谈吐等为人修养，在课堂中的处事行为等个性特征，对教学内容的诠释，教学方法的运用。教育记叙文还可以记录学生的认知特点、情意特点、人格特质，学生的年龄特征、个性差异、身心规律，学生所感兴趣、所思考、所进行的活动……可以说，教师的教育活动范围有多宽，教育记叙文的领域就有多广；教师的职业触角有多深，教育记叙文的延伸就有多长。由于记叙的是教师亲历的事，它会在教师脑海中留下深刻的记忆。

这些生活故事对教师个人具有里程碑式的历史意义，它是不可重复的，具有唯一性；对于教育事业具有道德示范的摄人心魄的力量，它胜过任何说教，具有强大的感染力。苏霍姆林斯基一生坚守在学校，扎根在课堂，写下了大量的有关教育教学方面的专著和文章，他的专著被称为“活的教育学”，他的文章就是典型的教育记叙文。被誉为中国的“苏霍姆林斯基”的李镇西，自参加教育工作以来坚持写教育手记，他的《爱心与教育》《走进心灵》《从批判走向建设》等专著就是教育记叙文的典范。

教育记叙文中应该有细腻的情感氛围和浓郁的叙事风格。事件是叙事所分析的根基，叙述过程也是对事件的论述，强调细致的描述和深刻的分析，写作采取工笔画般的繁复翔实的叙事方式，力图在具体的、偶然的、多变的现场中去透析种种关系，看到“想象的事实”“数字臆造的事实”“你所期望的事实”之后的“社会隐蔽”。这使教师的生活得以更丰富的呈现，教师的生命质量得以更高品位的提升。

教育记叙文无疑为我们提供了一个极富人情味、极具人文关怀、极有情感魅力的研究领域。它描述的是教师的真实生活状况，它改变了以往纯粹书斋式的故纸堆里的研究，改变了某种单纯凭着思辨和文献得出结论的研究方式，它从生活出发，从事实出发，从教育实践出发，“从学生以及家长的经验与感受出发，不仅可以为目前讨论中国教育的常规方式开辟另一条意义丰富的言说道路，而且能够使中国教育政策的制定与落实过程变得更加完善”，它“让我们有机会能够听到中国数以亿计的平凡人物的声音，尤其是学生、家长以及普通教师的声音，让我们透过他们的眼光来观察这个世界”。（曹诗弟：《中国教育研究重要吗?》）显然，这正是目前值得在我国广大中小学教师中提倡的一种教研形式，它富有极强的生命力。相信教育记叙文这种教研形式会丰富教育研究的内涵，提升教育研究的意义，并为教师发展开创出更为宽广的天地。

（二）阅读后认同并阐述作者某一个论点

◎写作背景

应该说，阅读一篇文章或一本书后，多数情况下是赞同作者书中的观点。如果对作者的某一个观点只是默认而不用文字给予肯定，那这种认识就不会入脑入心。正确的做法是，用文字把作者的观点做一番详细的、有力的阐述。这样的阅读才是值得称道的。

2018年，我重新阅读了苏霍姆林斯基的多本著作，对他的一些论述高度认同，提笔写下多篇文章，都是对他的某一句论述做进一步阐述。下面的例文是其中的一篇。

◎例文

时刻不忘记自己也曾是个孩子

——品读苏霍姆林斯基

苏霍姆林斯基说过这么一段话："一个好老师意味着什么？首先意味着他是个热爱孩子的人，感到跟孩子交往是一种乐趣，相信每个孩子都能成为一个好人。善于跟他们交朋友，关心孩子的快乐和悲伤，了解孩子的心灵，时刻都不忘记自己也曾是个孩子。"

"时刻都不忘记自己也曾是个孩子"，提醒我们在教育教学过程中要有一颗童心。教师是什么？一位学者说，教师是成人世界里派往儿童世界的文化使者。这里，有一个"儿童世界"的概念，还有一个"文化使者"的概念，这就意味着作为成年人的教师，不能用成年人的思维和意识去面对每个儿童和他们的世界，而应该拥有一颗童心，从儿童立场、儿童视角、儿童思维去对待一个个活生生的个体和他们世界里的人和事。如果没有童心，没有儿童本位立场、儿童文化意识，我们有些教育活动只会给孩子带来伤害。记得有一个这样的教例：一个小学三年级的孩子写了一篇作文，文章内容说到全家合力捕捉一位不速之客——老鼠的事。孩子写道：在爷爷奶奶爸爸妈妈的合围下，老鼠东蹿西跳，眼看走投无路，一头撞到墙上，然后四脚朝天，“不省鼠事”。老师在看到“不省鼠事”一词时在这个词的下面用红笔批注：没有“不省鼠事”这个词，只有不省人事！家长看到老师的批注后不乐意了，将此事投诸报端，引发一场小争论。是“不省鼠事”好还是“不省人事”好？如果怀揣童心，联系文章场景，立足儿童文化，不言自明。作为教师，看到学生创造性地使用语言文字，应该大大地表扬鼓励才对啊！为什么这位老师会出现这样的判断呢？就是长期的成人文化占据头脑之故。学前教育家陈鹤琴先生早就对类似的问题做了揭露，他说：“常人对于儿童的观念之误谬，以为儿童是与成人一样的……所不同的就是儿童的身体比成人小些罢了……我们为什么叫儿童穿起长衫来？为什么称儿童叫‘小人’？为什么不准他们游戏？为什么逼他一举一动更像我们成人一样？这岂不是明明证实我们以为儿童同成人一样的观念吗？”所以，有一颗童心，从儿童本位出发，尊重儿童文化，应该是教师的基本职业素养。

“时刻都不忘记自己也曾是个孩子”，提醒我们在教育教学过程中要有一颗爱心。孩子是祖国的花朵、世界的未来，他们从内心深处特别希望得到包括父母、老师在内的成年人的情和爱。而面对物欲横流的社会和知识快速普及的现实，教师从“天地君亲师”的神坛走入七十二行之列，又因为政治地位和物质待遇等原因，有的老师缺失了对职业的认同感和归属感，在一些场合还羞于称自己的职业是教师。以这种没有情和爱的状态去面对工作，那就正如现代著名文学家、教育家夏丏尊所言，教育没有了情爱，就成了无水的池，任你四方形也罢，圆形也罢，总逃不出一个空虚。事实上，情和爱在教书育人过程中的作用是不言而喻的，是任何现代技术手段也无法替代的。柏拉图曾说，一个民族只有最优秀的人才有资格做教师。陶行知先生也曾说，我们虽然现在手里握着的是幼年人的命运，实际上我们是握着一个民族和国家的未来。我也不止一次听一些名家说道：现在小学课堂的样子，就是未来这个国家的样子。面对天真活泼、笑靥如花的孩子，我们应该倾注情爱。教育家阿莫纳什维利说，谁喜欢孩子们一天到晚叽叽喳喳不停的叫声，谁就具备了成为一个优秀教师的基本条件。我国当代著名的教育家斯霞一生钟爱教育、热爱学生。当有人问她是如何对待工作时，斯霞老师平静地说："我一走进学校、走进教室，面对孩子，我脑海里立马浮现出两句话'假如是我的孩子，假如我是孩子'。"我国小学语文教育界名师于永正也曾说，最好的老师就是最后把自己教成一个学生。斯霞、于永正的话和苏霍姆林斯基的话有异曲同工之妙。

"时刻都不忘记自己也曾是个孩子"，提醒我们在教育教学过程中要有一颗平常心。孩子们处在发育成长期，他们的心智、情感都不成熟。说错话、做错事是他们的生活常态。作为教师，面对这个错，是大惊小怪、锱铢必较、求全责备呢，还是心平气和、将心比心、循循善诱呢？这要看我们的老师是否记得自己也曾是个孩子，是否能换位思考、将心比心。古人云：人非圣贤，孰能无过？我们做孩子的时候没有说过错话做过错事吗？想想自己的童年，谁都有一箩筐糗事，可成年后回想起来，这里面的很多糗事，变成了成长路上美好的回忆。我国当代教育名家、"情境教育"的创始人李吉林老师曾说，老师应该是"长大的儿童"。李老师心里这个长大的儿童，首先应该放下身段、俯下身子，回到孩子时代去，和孩子一起想、一起玩、一起学，这样你才可能走进儿童。其次要用孩子喜欢的方式教育孩子，可以用实物、案例、故事等形式和孩子交流沟通。再次要允许学生试错，再从正面引领儿童。只有做到尊重真诚，才能和孩子心心相印，以此引领孩子们求真、尚美、向善。新西兰教育学者约翰·哈蒂用15年实证研究表明：师生关系是影响教育的关键因素。教师与学生建立起亲密无间的关系，是使教育达到最佳效果的关键条件之一。因此，怀揣一颗平常心，和学生平等交流，构建起良好的师生关系，是教育工作的出发点。

感谢苏霍姆林斯基为我们留下这么丰厚的教育箴言，他的有关好教师的提醒，必将激发千千万万教育工作者砥砺前行。

（三）阅读后对全书做出价值判断

◎写作背景

2021年1月，中国人民大学出版社出版了我的一本教育随笔集《边教书，边成长》。图书出版后，引得很多教育同仁购买、阅读。福建省惠安县高级中学的张家鸿老师阅读后很快发过来他的读后感，我将文章发给了《教师博览》杂志社，该杂志在2021年第6期“原创版”

上将张老师的文章刊发出来。

张老师从“爱是教育的主旋律”“读是寻找心中的榜样”“写是留下成长的轨迹”三个维度对《边教书，边成长》一书进行了述评，较好地领会了作者的写作意图，文章有观点、有事例、有结论，还用自己的教育实践佐证书中的观点，使得全文丰满、真实、可信。

张老师在高中任教语文，繁重的工作之余，不忘读书、写作。从教以来，在全国各级各类报刊上发表读后感100多篇，成为读后感这一样式写作的行家里手。

◎例文

青年教师成长的三个支点

——读陈文《边教书，边成长》

福建省惠安县高级中学　张家鸿

《边教书，边成长》是一本对青年教师有很大助益的书。哲人有云：“未经审视的生活是不值得过的。”教书生涯又何尝不是如此？教书生涯如果指向成长，不管时间长短都是有意义的，都是值得总结、提炼的。陈文的新著就是他对教书生涯的回溯，是他自己深耕教育多年的经验之谈。

爱是教育的主旋律

陈文用最朴素的言语道出最真实的心声，爱是所有心声的核心词汇。教师之爱看似老调重弹，却历久弥新，它是教师工作的原动力。教育实践中遇见的许多问题，皆可在其中找到或远或近、或深或浅的根源。

“许多学生首先爱上学科教师，然后才爱上这门学科。因此，课堂上，教师切不可像一个毫无情感的机器运转着。”要让学生爱上学科、喜欢教师，其先决条件是教师要在课堂上流露出学科之爱、教育之爱、学生之爱。当然，感情的付出不是赢得学生喜欢与爱的唯一条件，教学艺术、技能、修养都是条件之一。然而如果没有以爱为底色，艺术、技能、修养皆无法实现真正的提升，达到相应的境界。即便达到一定的境界，学生的情感也不一定会被唤醒。想方设法让学生喜欢自己、喜爱自己任教的学科，非取悦、讨好学生，而是让自己和学科为学生成长提供更多的机会，为其成长保驾护航。

拥有教育之爱，并乐意把这份爱付诸烦琐的日常实践中，是教师之所以为师、教师赢得学生爱戴的必需条件。这份珍贵的情感，其重要性甚至不亚于教师的专业技术水平，可以说，它在某种程度上能够弥补当下水平的不够，推动教师在反复实践和不断学习中提升自我。

夏丏尊说："教育上的水是什么？就是情，就是爱。教育没有了情爱，就成了无水的池，任你四方形也罢，圆形也罢，总逃不了一个空虚。"何为空虚？即身在讲台上、教室里，心却在校园之外的广阔天地里。无教育之爱，姑且不论日后专业水平提高的自觉性与主动性，单是迟早会到来的职业倦怠感，已足以令一颗心被日常琐事折磨得疲惫不堪。无教育之爱的教师，也许尽快离开讲台才是最好的选择。如果无法离开、不想离开，爱的培育是否可以从无到有、从弱到强？积极主动的投入不失为培育的方法之一。

有爱的教师，上完课后会在教室里多待一会儿，和学生说说话，了解学生学习上遇到的问题。学生的问题，何尝不是教师的问题？把这些问题带入下一次的备课中，不正是一次成长？有爱的教师，会经常反省自己工作中的得与失，总是生怕自己做得不够多、做得不够好、做得不够及时。他们心中有对课堂与生命的敬畏，这份敬畏也许并非与生俱来，却会在日复一日的实践中愈发深刻。

读是寻找心中的榜样

陈文认为："教师读书越多，对教育本质的认识往往就越深刻。理想的教师应该过一种读写为伴的生活，成为学生生命中的重要他人。"余生也晚，无缘亲炙前辈名家教诲。这是包括许多教师在内的读者的深刻感受。幸好有书可读，前辈名家思想之深刻、人格之高贵、情怀之真挚，皆流淌于其著作的字里行间，没有丝毫的遮遮掩掩。阅读，是亲近他们的美好方式，不被时空所限。读他们的作品，如走进他们的课堂中，走进他们的生命里，遇见的风景可谓美不胜收。

在《教育应该润无声》中，陈文写了自己心中非常敬重的贾志敏老师。他认为贾老师总结出的"三看三不看"既是对当下语文课堂的诚挚批评，也有对未来母语教学的殷切期待。贾老师真真切切、实实在在的课堂风格，给陈文留下非常深刻的印象。何为"三看三不看"？即"看教学，不看表演""看学生，不看老师""看门道，不看热闹"。

除却贾志敏老师，陈文经常提及的前辈人物还有李希贵、支玉恒、于永正、叶圣陶、苏霍姆林斯基、李吉林、斯霞。读中外教育家、现当代名师的教育教学经典，或者他们深思熟虑后写成的教育作品，是教师成长的必经之路。如果把一部经典视作一个驿站，那么阅读就是一趟趟距离不等的精神远行。每一趟远行归来，心灵的行囊中都装满沉甸甸的收获。

于永正先生是陈文经常提到的名师。他读于老师的《我的教育故事》时，最喜欢的是《规矩》一文。该文讲述师生从正面冲突到成为知心朋友的转变过程，与于老师刚柔并济、以柔克刚的教学智慧有关，更与他对学生的真情呵护密不可分。支玉恒老师年近40岁才从教体育改为教语文，然而他研读课文时所下的苦功夫、笨功夫却是大多数科班出身的语文教师远远不及的。他的阅读三步骤是这样的：先以普通读者的身份读一遍，再以语文教师的角色读两到三遍，后以学生读者的角色再读课文一两遍，单是读就已如此讲究，读后用心记下的文字有多细致是可以想见的。陈文认为："支老师就是这样认真对待每一篇课文，带着自己独特的感受和体会走进课堂与学生交流的，他的课堂给人常听常新、回味无穷的感觉。"

第三辑"捧读经典，涵泳滋养"中多数文章，是品读苏霍姆林斯基作品的读后感，从经典作品到教育现实，再由教育现实返回经典作品，陈文展示的是理想与现实的碰撞，以及如何在现实中始终朝向心中的理想之路。这条路很难，虽然有人走不通，但是终究有人要走并一直勇敢地走下去。

很显然，通过分享自己的阅读感受，陈文向读者敞开的是与书籍相伴相随的成长之路。只要潜心阅读，书籍可以成全任何一个教师。迷失方向时，寻求书籍指引；陷入困境时，请求书籍帮扶；身处孤寂时，依偎书籍胸膛；收获硕果时，感谢书籍成全。大师或名家留下的好书何止一册？一本好书就是一位挚友。坐拥书城的教师同时被许多挚友的帮助、提携包围着，其专业成长的空间是广阔的，专业发展的未来是美好的。

写是留下成长的轨迹

陈文认为，写好自己的教育故事就是中小学教师最好的科研，也是中小学教师在写作题材或素材方面的首选。因为这样的科研是真实而鲜活的，既有意思，又有意义。陈文认为，教学论文的撰写对教师的成长作用终究有限，且难以持续下去。教师是自己教育故事的见证者、参与者，心中有强烈的体会与感触，如果能够养成长期撰写教育故事的习惯，如同得到一眼活水之源，何愁找不到写作素材？教育故事不仅是源泉，还是独一无二的舞台——既不设门槛又博大深邃的舞台。教师如果善于从中截取素材、提炼归纳、总结升华，必然会把自己的故事书写得既充满个性，又可以对他人有一定的启迪和警示作用。

只要是自己亲身经历过的与学生、课堂、教育、学校有关的故事，皆可以书写。既可以写所见所闻，也可以写所思所想；既可以写实践后的收获，也可以写失误后的自省；既可以大至校园文化设计的宏观架构，也可以小到班级学期规划的细细思量；既可以是与学生个体的交流点滴，也可以是对毕业多年的学子们的整体勾勒。因此，只要想写、愿写，就有得写。如此说来，写作的内驱力是最为重要的，写作能力与水平高低尚在其次。再说，写作的热情足以推动一个人在日复一日、年复一年的实践中逐渐提高自己的水平。

如此，惧怕素材乏善可陈、语言乏味、感受乏力纯属庸人自扰。更何况青年正为一生中年富力强、心思细腻、感觉敏锐之光阴，于自我经历的记录上相较于年老的教师有着天然的优势。拥有这些优势，却从未想过提笔书写或是有笔而不写，岂不是巨大的损失？岂不是为自身成长主动设限？

不少教师以为，写作与教师无关，乃作家、诗人之事。还有教师以为，教师之写作只指向论文，此外无它。岂不知，这两种观点均为偏颇甚至错误之见。在新课程改革的背景下，在网络技术日益发达的当今社会里，写作之重要性尤其突出。多年以后，回过头捡读一篇篇用心写成的发表或未发表的文章，即可清楚地意识到写作之路即成长之路。除却大力倡导的教育故事，陈文认为写作素材的源头也是多样的，至少可以从落实常规、报刊文章、名家教育思想等方向寻找。

当写作成为一种习惯，提笔不吐不快时，还会被写作素材所困扰吗？信笔由缰是必然的，文字在笔尖汩汩流淌亦并非痴人说梦。此外，教师写作可以带动阅读。写而后知腹中无墨、笔下无言，更会发奋写，越会明了自己的斤两。写然后知不足，可以学习，学习从读书开始，辅以实践与思考。

放眼许多青年教师的现实处境，不得不清楚地意识到：有些意识一旦凝固于心，便积重难返；有些习惯一旦养成，便根深蒂固。因此，在教师生涯的起始阶段，读到一册使人明目清心的著作，对己身成长之帮助是不可小觑的，至少可以指明前行的方向。在《边教书，边成长》中，陈文以一颗平常心谈论教师的平常事，不故意拔高，不故作深邃，用平常话说平常理，其对青年教师的帮助是显而易见的。

练笔建议

以你近期所读到的专业书籍为凭借，提炼出书中的主要观点并加以阐述，写一篇读后感。题目自拟，1800字左右。

第8课

用切实的行动获得发言权

——教育教学调查报告的写作

一、调查报告及其特点

调查报告指的是作者以研究为目的，根据社会或工作的需要，制定出切实可行的计划，从明确的追求出发，深入到社会第一线，不断了解新情况、新问题，有意识地探索和研究，进而写出有价值的报告。因此，调查报告是调查研究人员劳动与智慧的结晶，也是最重要的书面结果之一。

调查报告有以下几个特点：

1. 写实性。调查报告是在占有大量现实和历史资料的基础上，用叙述性的语言实事求是地反映某一客观事物。充分了解实情和全面掌握真实可靠的素材是写好调查报告的基础。

2. 针对性。调查报告一般有比较明确的意向，相关的调查取证都是针对和围绕某一综合性或专题性问题展开的。所以，调查报告反映的问题集中而有深度。

3. 逻辑性。调查报告离不开确凿的事实，但又不是材料的机械堆砌，而是对核实无误的数据和事实进行严密的逻辑论证，探明事物发展变化的原因，预测事物发展变化的趋势，提示本质性和规律性的东西，得出科学的结论。

二、教学调查报告

教学调查报告是针对教育教学活动中出现的具有普遍意义的新事物、新经验和新问题，经过深入细致的调查研究之后，所写出来的文章。

教学调查报告可以作为向上级汇报的书面材料，为上级相关部门制定政策和指导工作提供依据；也可以作为教研成果在报刊上发表，用以扶植新事物，推广新经验，揭露新问题，以便推动教育教学的发展进步。

教学调查报告按内容可以分为五种：反映教育领域新生事物的；推广教育教学新经验的；反映教育教学历史事实的；反映社会与教育基本情况的；揭露教育教学有关问题的。按表述方式可以分为两种：侧重研究的和侧重摆事实的。

撰写教学调查报告，首先要求事实真实可信。所反映的事物必须一即一，二即二，绝不能把一说成二。其次要求材料要典型。要选择一些热点、难点，特别是教育教学中普遍关注的问题做深入研究。再次要有价值，能最大限度地发挥指导作用。因此，调查是第一步，研究是第二步，把调查与研究的情况表述出来是第三步。

三、教学调查报告写作要求

1. 认真调查，拥有详细的材料

“没有调查就没有发言权。”在调查之前，要对本次调查做出详细的工作方案，明确调查的目的、时间和对象，选择调查方法，分析调查时可能出现的情况和问题。在调查中，要了解事物的全过程，开始时怎样，后来怎样，结果又怎样。人们对事物的认识有什么样的变化。

搞调查不仅要掌握间接的材料，更要到一线去抓第一手材料；不仅要了解面上的材料，还要了解点上的材料；不仅要掌握现实材料，还要了解历史材料；不仅要了解领导、专家的看法，还要了解其他人的意见。拥有的材料越丰富、越细致、越全面，就越能得出正确可靠的结论。

2. 深入研究，找出规律性的东西

通过调查掌握大量的材料后，要进行仔细深入的加工制作，经过“去粗取精、去伪存真，由此及彼、由表及里”的研究，更好地反映出事物的本质，使自己由感性认识上升为理性认识，从而找出规律性的东西。

任何事物都是由许多方面构成的，要找规律，必须抓主要矛盾和矛盾的主要方面，才能集中突出地找出最主要的规律。

3. 既要凸显观点，又要善于让材料说话

教学调查报告的观点是从调查材料中提炼出来的，它依附于材料，又统率材料。因此，在教学调查报告中，材料的地位和作用与论文是不同的。写论文强调的是逻辑推理，在充分说理中适当用事实说话。而调查报告则是大量的摆事实，在以事显理中恰到好处地说理，这种理应该是少而精的点睛之笔，而且要求是新见解或新思想。

具体写作时，一要交代调查的起因或目的、时间和地点、对象或范围、经过与方法，以及人员组成等情况，从中引出中心问题或基本结论来。二要写明调查对象的历史背景、大致发展经过、现实状况、主要成绩、突出问题等基本情况，进而提出中心问题或主要观点来。三要开门见山，直接概括出调查的结果，如肯定做法、指出问题、提示影响、说明中心内容等。

当对一个教育现象无法判断其性质和后果时，可以先调查研究。调查研究的方式很多，常见的有座谈会、个体咨询、问卷调查等。这些形式对于获取第一手材料、了解事情真相是很有帮助的。一线教师可以从本校、本班入手，调查诸如学生的学习兴趣、学习习惯，学生对教材（特别是新教材）的认可度等，以期教学更好地贴近学生。

四、调查报告例文

◎写作背景

进入21世纪后，我国启动了第八次基础教育课程改革。在高中阶段，语文课本中增加了传统文化的学习内容，具体而言就是增加了文言文的阅读分量。国家的意志，编者的意图，具体到基层高中能否理解和落实呢？时任教研室主任兼中学语文教研员的我，觉得应该做一次问卷调查，摸一摸一线教师和学生对这件事的态度和课堂教学的具体情况。于是，我印制了一份问卷调查表，在全市选择有代表性的五所高中的部分语文教师和部分高一学生展开调查。之后，对每一份收上来的问卷进行统计分析，写成一篇调查报告。这篇调查报告在《湖南教育》发表后，当年被中国人民大学资料复印中心的《中学语文教学》杂志全文转载，在全国产生了良好的影响。

◎例文

文言文：想说爱你不容易

——关于高一新教材文言文学习的调查

语文新教材的指导思想非常明确：全面提高学生的语文素养，提高学生正确理解和运用祖国语言文字的能力，重视积累、感悟、熏陶和培养语感，使学生养成良好的学习语文的习惯。新教材给人一个突出的印象就是加大了文言文学习的比重，在高中语文第一册中，文言文共12课，按先秦历史散文、先秦诸子散文、汉魏晋散文顺序共分三个单元，占全册课文总量的二分之一。较之旧教材文言文两个单元8篇课文、占全册课文七分之二这么一个量来说，新教材文言文分量空前加重，真正占了阅读教学的“半壁江山”，且教材中的民族文化气息和文化品位也明显加强。

使用新教材的教师和学生对这种新的编排体系有些什么样的反映呢？为此，笔者对所在地的全市高一学生文言文的学习情况、高一语文教师文言文的教学情况做了一次专项问卷调查。

一、情况统计

对高一年级学生的调查一共设计了8道题，内容包括：

（1）你喜欢学习文言文吗？

（2）你认为新教材中文言文所占的比例如何？

（3）你认为学习文言文对阅读和写作有帮助吗？

（4）你认为学习文言文对提高自己的素养有帮助吗？

（5）你喜欢哪种学习文言文的方法？

（6）你通读过哪些古典文学名著？

（7）请写出你最喜欢的五篇文言文或古典诗词篇目。

（8）你喜不喜欢所在班级教师教文言文的方法，你认为应该怎样学习文言文？

前6道题均采用选择题的形式，设a、b、c三个选项，后2道题系简答题的形式，请学生如实回答。

对高一语文教师的调查一共设计了6道题，前2道题与学生问卷相同，后4道题分别是：

（1）你认为学习文言文的目的是什么？

（2）你对高一新教材文言文的选编有什么看法？

（3）你执教文言文主要采用哪些方法？

（4）你认为学生在学习文言文的过程中还存在哪些问题？

这4道题均采用简答的形式请教师作答。

从调查的结果看，目前高中新教材文言文的学习，可以用一句流行歌词来概括：想说爱你不容易。

1. 关于学习文言文的态度

在收回的1413份学生问卷中，有62.9%的学生对文言文的喜欢程度一般，有3.7%的学生表示不喜欢文言文，有33.4%的学生表示喜欢文言文；在被调查的教师中，有56.6%的人回答对文言文的喜欢程度一般，有8.4%的人表示不喜欢文言文，有35%的人表示喜欢文言文。

2. 关于文言文在全册课文中的比例

学生中57.9%的人、教师中60.9%的人回答新教材中这个比例可以；学生中39.5%的人、教师中36.7%的人认为这个比例偏高；学生和教师中认为这个比例偏低的人很少。

3. 关于学习文言文对自身的帮助

在回答学习文言文对阅读和写作有无帮助时，47.1%的学生认为有较大帮助，49%的学生认为帮助不大；在回答学习文言文对提高自己的素养有无帮助时，80.8%的学生认为有较大帮助，19%的学生认为帮助不大，只有极个别的学生认为学习文言文对自身没有帮助。

4. 关于学习文言文的方法

在被调查的学生中，22%的人认为教师现在的教法是多让学生诵读，17%的人认为教师现在的教法是逐字逐句分析，61%的人认为教师现在的教法是重讲解文章内容和表达方式。而教师在问卷中对文言文教学的回答基本上是诵读法、讨论法、点评法。

5. 关于文言文的积累

写出你最喜欢的五篇文言文或古诗词篇目，很多学生写出的都是本学期所学的篇目，只有一小部分学生写出了《岳阳楼记》《出师表》《马说》《陋室铭》等初中学过的篇目，课外篇目几乎没有。

二、问题分析

1. 衔接问题

学生在初中阶段的文言文积累非常有限，到高一年级突然接触那么多文言文，而且学习要求高，这就出现了初中、高中两学段文言文学习的断层问题。

2. 兴趣问题

无论学生还是老师，对文言文的学和教都存在兴趣不高的问题。教师在回答“你认为学生在学习文言文的过程中还存在哪些问题”中反映：学生学习文言文的兴趣不浓，不愿花时间去学；学习上缺乏主动性，依赖性大，不愿意查阅工具书，希望老师课堂上以串讲为主；教材上要求背诵的课文有很多学生达不到要求……

3. 选文问题

从高一年级第一册的文言文篇目来看，绝大多数课文文质兼美，故事性强，文学、史学价值较高，但有的文章不宜放在高一年级学习。绝大多数教师反映《逍遥游》一文，无论是语言还是思想内容，都有些晦涩，学生难以接受，另外如《兰亭集序》中的生死观，学生也难以理解。可见，选文是一个非常关键的问题。

4. 教法问题

从调查统计看，学生反映教师教学文言文的方法主要着重于字词串讲、句句翻译，很少做评价和鉴赏。学生诵读的时间少，自主学习的机会不多。学生在回答“你喜欢哪种学习文言文的方法”这个问题时，普遍的意见是多读多背，多让学生自己去涵泳体会。

三、几点思考

1. 明确学习文言文的目的

新大纲对文言文学习的要求是具有阅读浅易文言文的能力。因此，我们必须明白浅易文言文中“浅易”的标准。什么样的文言文是浅易的呢？第一，从文章所运用的词汇来看，主要是文言文的常用词与次常用词。第二，从文章出现的语法结构来看，主要采用常见的文言句式。第三，从文章的体裁上看，主要是叙事、写景、抒情、说理等形式。第四，从文章内容的涉及范围来看，同古代文化背景知识的联系较为松散，少用典故，无须在阅读前去了解背景材料。第五，从文章的整体风格来看，属于典范的文言文作品。中学生阅读一定数量的浅易文言文，是全面培养语文能力和提高民族文化素质的需要，是深入进行爱国主义教育和加强精神文明建设的需要，是继承古代文化遗产和发展社会主义新文化的需要。

2. 激发学生学习文言文的兴趣

从调查中可以看出，虽然一部分学生对学习文言文有一定的认识，认为学习文言文对提高自身素质有帮助，但不少学生还是有一些误解，认为纠缠在文言故纸堆里不值得。再加上教学中存在“满堂灌”的解经式教学方法，致使很大一部分学生对学习文言文不感兴趣。教师囿于自身的文化功底、兴趣爱好等因素，也觉得教文言文不如教现代文轻松自如。

老师和学生要从传承文明、沟通未来、开拓创新的高度来教学文言文。著名特级教师钱梦龙先生回忆自己在学习文言文时说：“由于教学中不是死抠词句、嚼得过细，这就留下了较多的空白，便于学生自己去感知和领悟；有的地方老师又重点细讲，并指导评点，这就突出了文章最精彩的部分，使学生印象更深。教学中这样疏密相间，略其所当略、详其所当详的教法，是符合学生读文、认知规律的；学生作为阅读的主体，在这样的教学过程中确实可以受到很好的锻炼。”能阅读浅易文言文是一种技能，而技能的养成同样以较丰富的语言材料和语感积累为基础，以文言词法、句法、文学文化常识等背景知识为辅助手段，在反复的阅读中理解、领悟、升华，并转化为习惯。因此，通过多种形式激发学生学习文言文的兴趣，鼓励他们积累一定量的活的语言材料和语感，是文言文教学的重点。

3. 改进学习文言文的方法

(1) 加强诵读

诵读是一种目视其文、口发其声、耳闻其音、心通其情、意会其理的综合阅读活动。是从字、词、句到段与篇，从文字到语音、语义，从表层意思到深层含义、潜在情味的全面感知，人们能在反复诵读之中潜心涵泳，认知文字，感受声律，体会词语，疏通文脉，捕获作品的艺术形象，领悟作品的思想感情，领略作品的意味意境，体味作品的语言艺术，通达作品的微妙之处，化古人的神气为自己的神气。面对高中阶段新教材文言文分量增大的实际，教师应把诵读放在突出的地位，作为基本的教学方法、教学环节和一项主要的教学要求，贯穿于文言文的训练体系，并对诵读训练做出有层次、有系统的安排，提高诵读要求，加强诵读指导。应该树立这样的概念：诵读也是练，而且是特别重要的练。

(2) 强调背诵

从开始朗读到能够背诵，中间有一个孕育的过程，在这个过程中，反复吟味作者的语言，咀嚼、消化、吸收，最后增加到自己的语言储备库里去。阅读的时候，遇见某些词汇、某些句式、某些表达方法，不仅似曾相识，而且司空见惯，阅读能力就提高了。写作的时候，想用某些词汇、某些句式、某些表达方法，就会涌至笔端，左右逢源，写作能力就提高了。

（3）含英咀华

文言文教学中以读懂会译为限的现象时有所见。这实在是“开椟还珠”之举，将力气仅花在“开椟”之上，而不知取珠为己用，实在可惜。入选教材的文言文绝大多数都是千百年流传下来的名篇，这些作品遣词造句之精妙、表情达意之准确，应该成为我们领悟、吸收、借鉴的核心内容。所以，对文言文决不能满足于一知半解、能读会译，而必须在涵泳咀嚼和玩味鉴赏其炼字锻句、精确表意等方面下功夫。我们在读书时要沉浸到书中情与理的芬芳里，让思维向各个方向自由伸展，体会到文章的精美。

练笔建议

从教与学两个方面入手，选择其中一个问题，用问卷、访谈等形式进行调查，写一篇调查报告。

1. 新教材的掌握与使用情况。
2. 教师的职业精神与专业素养情况。
3. 学生的学习兴趣与学习习惯情况。
4. 家校教育的现状与未来展望。

第9课

读你千遍也不厌倦

——好文章是改出来的

一、文章写好先放放，再改改

写好一篇文章，最好不要急于投稿，而是把它放放再说。因为放它一两个星期乃至更长一段时间后，你再拿出来看看，会发现文中的不足和疏漏之处，这时你再动手修改，就能逐步达到理想的结果。

对写好的文章进行反复修改是提高写作能力的一个重要途径。《红楼梦》，曹雪芹“披阅十载，增删五次”；马克思逝世时，面前放着《资本论》第三卷第八次的修改稿；贾平凹的小说《高兴》二十万字，修改了五次。可见，对文章反复修改才能使之由璞到玉啊！

美国短篇小说名家雷蒙德·卡佛更“偏执”的是这一句：“伊凡·康奈尔曾说，自己写完一个短篇都会修改，要是第一遍修改时拿掉的逗号在改第二遍时又回到了原位，就知道是写完了。我喜欢这种写作方式，尊重它的认真。我们最终拥有的只有文字，所以它们最好都是恰当的文字，标点也都标在恰当的地方，以便它们表达应当表达的意思。”

我们不一定要像雷蒙德·卡佛这么“偏执”，对语言的准确性要求这么“变态”，但要从中学会一点：尊重语言。每次写完文章，都要回头修改至少一遍。虽不能至美，但力求准确。

1. 修改标题。俗话说，题好一半文。一看标题是否有让人眼前一亮的吸引力；二看标题是否能很好地概括文章的中心意思。

2. 修改开头。一看开头是否开门见山，有无拖沓之嫌；二看开头是否戳中痛点能引起读者共鸣。

3. 修改主体。主体是文章最核心的部分。写文章的目的就是要表现作者的观点，如果读者通篇读下来不明就里，这样的文章就要好好修改了，一直修改到主题明确，让读者一目了然。

4. 修改结构。一看文章的整体结构是否清晰，层次是否分明；二看文内每个层次是否用小标题标出，而且顺序合理。一般情况下，结构不宜太复杂，以三个层次为宜。

5. 修改材料。一看文章中使用的材料是否合适，是否能够说明文章的核心观点；二看材料是否具有典型价值，是否具有充分的说服力。

6. 修改语言。检查文章的语言，最好的办法是一句一句地读出声来，在朗读的过程中，你会发现写得不通顺的地方、用词啰嗦的地方或是用词不准确的地方，一边读一边改。

7. 修改结尾。元代陶宗仪在他的《南村辍耕录》中说："作乐府亦有法，曰凤头、猪肚、豹尾六字是也。"意思是文章的起头要奇句夺目，引人入胜，如同凤头一样俊美精彩；文章的主体要言之有物，紧凑而有气势，如同猪肚一样充实丰满；文章的结尾要转出别意，宕开警策，如同豹尾一样雄劲潇洒。因此，文章的结尾要看是否简洁有力，给人希望。

二、文章需要多次改，自己改

关于修改文章，叶圣陶先生的一席话说得很到位。他说，写文章就是说话，也就是想心思。思想、语言、文字，三样其实是一样。学习写作的人应该记住，学习写作不单是在空白的稿纸上涂上一些字句，重要的还在于学习思想。修改文章不是什么雕虫小技，其实就是修改思想，要让思想更正确，更完美。思想对了，写对了，才可以一字不易。思想不能空无依傍，思想依傍语言。思想是脑子里在说话——说那不出声的话，如果说出来，就是语言，如果写出来，就是文字。朦胧的思想是零零碎碎不成片段的语言，清明的思想是有条有理组织完密的语言。

常有人说，心中有个很好的思想，只是说不出来，写不出来。又有人说，起初觉得那思想很好，待说了出来，写了出来，却变了样儿，完全不是那回事了。其实他们所谓很好的思想还只是朦胧的思想，就语言方面说，还只是零零碎碎不成片段的语言，怎么说得出来，写得出来？勉强说了写了，又怎么能使自己满意？那些说出来写出来有条有理组织完密的文章，原来在脑子里已经是有条有理组织完密的语言——也就是清明的思想了。说他说得好写得好，不如说他想得好更贴切。

因为思想依傍语言，一个人的语言习惯不能不求其好。坏的语言习惯会牵累了思想，同时牵累了说出来的语言、写出来的文字。举个最浅显的例子：有些人把“的时候”用在一切提“冒”的场合，如谈到物价，就说“物价的时候，目前恐怕难以平抑”；谈到马歇尔，就说“马歇尔的时候，他未必真个能成功吧”。试问这成什么思想，什么语言，什么文字？那毛病就在于沾染了坏的语言习惯，滥用了“的时候”三字。语言习惯好，思想就有了好的依傍，好到极点，写出来的文字就可以一字不易。我们普通人难免有些坏的语言习惯，只是不自觉察，在文章中带了出来。修改的时候加一番检查，如有发现就可以改掉。这又是主张修改的一个理由。

有的老师把文章写好后，就迫不及待地发给报刊编辑，希望编辑帮着修改并发表。这种想法是不切实际的。首先，编辑每天面对源源不断、堆积如山的稿件，是不可能帮你一字一句修改的。其次，报刊发表文章遵循的是选拔性原则。这正如每年的高考一样，高考是要把一些有学习潜质的人选拔到大学去，因此，它不会看在你是一个复读多年的考生而特别关照。编辑选文也是如此，编辑的工作是在众多的稿件中比较、甄别，把好文章选出来刊出来。

当然，面对有些基础的文章（如文体新颖、内容切实等情况），编辑还是会主动与作者联系，提出具体修改意见。我就碰到过几位编辑，看到我的稿件后联系我抓紧修改。我根据编辑意见修改后再发过去，编辑最后将我的文章发表出来。

三、修改文章示例

（一）教育随笔例文

让课堂成为思想者的发祥地（原稿）

苏霍姆林斯基说："课堂是人成为思想者的发祥地。我认为，课堂教学最重要的目的，是激发儿童对知识的渴望。倘若他们在上完我的课后没有产生超越我的讲述而想知道得更多的愿望，那课堂教学的目的就没有达到。"可见，课堂教学不仅要传授知识、培养能力，更重要的是激发儿童的学习兴趣，让他们想学。同时，我们还有一项重要的任务，即让课堂成为思想者的发祥地。

这段文字与文章的主题扣得不紧，应该删去。

1. 重新定位教师的角色。随着时代的发展，教师的角色发生了变化，一是学校生态的建构者，是给学生提供学习资源和成长条件的人。二是开发者，不仅要开发教材、课程，更重要的是开发学生的潜能、思维、学习力等，还要允许学生"遵照自己的方式"去学习和生长。三是信念的传播者，用自己的信念去影响学生的世界观、人生观和价值观。

一位热爱学生、热爱生活、热爱自己生命的教师，他会自觉地把知识、能力、兴趣、习惯、思想等巧妙地融合在一起，像春风细雨一样在学生的心田中悄无声息地播撒。首先，他会用心倾听，发现课堂中积极的、深刻的、可资全班同学借鉴并进一步思考的思维火花。对学生表达的观念做出热切的、充满智慧的回应，通过有效追问、小组合作、师生互动等方法，把学生个人思想的成果分享给全班同学。其次，他会提升自己创设情境的能力，为学生提供成为思想者的机会。课堂内外，他会平等、公正地对待每一个学生，促进学生自我反思、自我建构。最后，他会积极创造条件，让学生成为思想者，进而把对知识的探究转化为学生个体对问题深刻、独立、创造性的认知，鼓励学生成为与众不同的“这一个”。

2. 重新定位学生的角色。学生姓“学”

名“生”，这里的“生”即“生长”，因学习而生长。学校因学生的学而非教师一味的教而存在。基于这种认识，要想让学生真正成为学习的主人，成为有独立思考能力的人，教师必须引导学生自主探究。要让学生在好奇心的驱使下，满怀兴趣地参与对能力、对智慧的挑战活动，亲身体验充满思想、情感、智慧的生活，从而使学生的知识得以增长，情感得以呵护，人格得以健全与发展。要让学生在探索中感受发现的趣味，学生真正的兴趣是在探索和发现中产生的。

3. 重新定位课堂的目标。现代教育理念认为，教学就是通过课堂这一客体而进行的师生共同创造、相互欣赏、导学结合、共同进步的教育活动。如果说教育是一项任务，那么教学则是一种手段，课堂是重要的载体，教师是具体完成这项任务的责任人。要完成教学任务，关键是教育者要做到目中有“人（学生）”而不是目中尽“分数”。课堂教学中，要让学生成为思想者，首先，教师要有平等的意识。学生只有充分感受到与教师在人格上是平等的，在与教师的交流互动中才会真实地表达自己的观点。其次，教师要有真诚的态度。师生双方在交流互动中坦诚相待，畅所欲言，就能把真情实感充分展示出来，实现真实的心理互动。再次，教师要用欣赏的目光看待学生。学生在学校里、在课堂上展现独特、新颖的见解和思想，教师应投以欣赏的目光，而不是将之视为“异端”“另类”加以嘲笑讥讽。只有这样，学生的心智、个性和人格才能大放异彩！

一位哲人说过，地球上最美丽的花朵便是人的思维。当下的中小学课堂，还缺少学生成为思想者的土壤。因此，对学生创新的激情、有价值的创意和独立思考的精神，需要更多地去发现、呵护和扶持。教师要千方百计地挖掘现实生活中的教育要素，像保护自己的眼睛一样保护好学生的思维力，培养他们的独立思考能力，激活他们的创新潜能，让他们在健康的教育环境里自由地生活、快乐地成长。这样，课堂才能真正成为学生思想者的发祥地。

我把这篇短文发给《内蒙古教育》，编辑阅读后给我回复：这篇稿子大体看了一下，感觉是立题挺好，但是重新定位教师的角色和重新定位课堂的目标这两块内容，文题不是太贴切且观点不够新。另外，我们现在卷首最多也就是1000字，您稿件是1500字，有点多。

我根据编辑的意见，重新看了几遍稿子，感觉编辑说得有道理。马上修改文稿再发过去，后来这篇短文发表出来了。

让课堂成为思想者的发祥地（改后刊发稿）

苏霍姆林斯基说："课堂是人成为思想者的发祥地。我认为，课堂教学最重要的目的，是激发儿童对知识的渴望。倘若他们在上完我的课后没有产生超越我的讲述而想知道得更多的愿望，那课堂教学的目的就没有达到。"

可是，在传统的课堂上，很多时候老师是导演、是领队，学生成了演员、队员，老师让学生怎么做，学生就怎么做。课堂仅仅停留在单纯传递知识、技能的层面上，还谈不上有思想火花的出现，这样，一方面抑制了儿童对知识的渴望，另一方面忽视了对他们思维品质的培养，而后者对一个人的全面和谐发展至关重要。

让课堂成为思想者的发祥地，老师要明确自主探究的意义。学生姓“学”名“生”，这里的“生”即“生长”，因学习而生长。学校因学生的学而非老师一味的教而存在。学生能否成为学习的主人，成为有独立思考能力的人，关键在于老师是否明确学生自主探究的意义，并在课堂上有切实的行动。学生只有在好奇心的驱使下，饶有兴趣地参与对能力、对智慧的挑战活动，亲身体验充满思想、情感、智慧的生活，他们的知识才能不断增长，情感才能得到呵护，人格才能得到健全与发展。

让课堂成为思想者的发祥地，老师要营造积极思考的氛围。首先，老师要有平等的意识。学生只有充分感受到与老师在人格上是平等的，在与老师的交流互动中才会真实地表达自己的观点。其次，老师要有真诚的态度。师生双方在交流互动中坦诚相待，畅所欲言，就能把真情实感充分展示出来，实现真实的心理互动。再次，老师要用欣赏的目光看待学生。学生在课堂上展现独特、新颖的见解和思想，老师应投以赞许的目光，而不是将之视为“异端”“另类”加以嘲笑讥讽。

让课堂成为思想者的发祥地，老师要创设平等交流的机会。首先，老师要用心倾听，发现课堂中积极的、深刻的、可资全班同学借鉴并能进一步思考的思维火花。对学生表达的思想做出热切的、充满智慧的回应，通过有效追问、小组合作、师生互动等方法，把学生个人思想的成果分享给全班同学。其次，老师要为学生提供思考的机会。促进学生自我反思、自我建构，允许学生“遵照自己的方式”去学习和生长。最后，老师还要创造条件，让学生把对知识的探究转化为对问题深刻、独立、创造性的认知，鼓励他们成为与众不同的“这一个”。

一位哲人说，地球上最美丽的花朵便是人的思维。因此，老师对学生在课堂上表现出来的创新激情、有价值的创意和独立思考的精神，需要更多地去发现、呵护和扶持。要像保护自己的眼睛一样保护学生的思维力，培养他们的独立思考能力，激活他们的创新潜能，让他们在健康的教育环境里自由地生活、快乐地成长。

（二）教学札记例文

备课就是备问题（原稿）

在和校长们交流的过程中，我发现他们总有这样的疑惑：我们的老师看起来够认真负责，教务处也经常进行常规检查，可为什么教学效果总是不尽如人意呢？每当这时，我会建议学校的常规检查前置，即在上课之前由教务处会同学科组认真检查教师的教学准备情况，把课堂中可能出现的问题在备课环节体现出来。

开头貌似问题从教育现场来，其实对整个文章而言是可有可无的，不如删去，留第二段直入正题。

备课在整个教学中具有举足轻重的作用。老师通过认真备课，可以熟悉教材内容，摸清编者意图，了解学生意愿，在这一过程中，老师既可以积淀自己的知识，加深对学科相关知识的理解，又可以提升专业水平。

备课时，老师可以在亲近教材的过程中思考，在思考的基础上结合学生的认知水平提炼出一个个有价值的问题。

这一段也是叙述性文字，与文章评述性风格有些不搭。因此，编辑建议删去。

近读王崧舟老师的两个专著《美其所美——王崧舟讲语文课怎么上》《美在此处——王崧舟讲语文课上什么》，收获很大。王老师在《美其所美》一书第一讲“语文教师如何分析课堂学情”中谈到了一个案例。小学语文课本里有一篇季羡林先生的经典文章《自己的花是让别人看的》，很多老师喜欢这篇文章并经常将它拿来上公开课。只是上课老师把这篇文章的主旨定位为“人人为我，我为人人”，并把教学重点也放在这一点上。课堂上老师一般是这样教学：引导学生联系自身实际、家庭实际和社会实际，讨论怎样才能做到“人人为我，我为人人”，最后得出结论，要从自己做起，从小事做起。这样的课上着上着，给人感觉“语文味”没有了，变成了思想品德课。

为什么会出现这样的认识偏差呢？一是上课时老师自己还没有读懂文本，没有找出课文中的问题。二是有些老师受手头现有资料的影响，在理解课文上出现方向性错误，被一些“假问题”蒙蔽双眼。很多老师把《自己的花是让别人看的》这篇文章的主旨定位为“人人为我，我为人人”，就属于这种情况。王崧舟老师从“整体语境”出发，列举出四条理由，说明这篇文章要告诉我们的是异国风情和异域文化。因此，王老师建议，教学中不应该把孩子带到“人人为我，我为人人”的道德说教领域，而应该把他们带到德国人非常爱花这样的异国风情、异域文化的方向和道路上。

可见，智慧的老师会不断练就从貌似平常、合理的看法中找出问题的本领，他们一般会从以下三个方面着力。

写此类文章应该要有切实的建议，才能给人启示。所以这三点要保留，要充实。

一是从独立钻研文本中找问题。比如，语文老师拿到一篇文章，想到的只是去找些相关的解读资料，并把这些资料填充到备课本上，这样做当然“省事”，却不可能发现可以用来教与学的问题。可以预料，这样的课堂肯定是平淡乏味的。要让你的教与学生的学无缝对接，必须深耕教材，钻研文本，反复揣摩，“于无疑处生疑”，这样才能找到有价值的问题。

二是从教材整体安排中找问题。比如，现行中小学语文教材以主题单元的形式呈现，编者在每个单元的前面有针对整个单元学习的言简意赅的提示，在每篇课文后有明确具体的学习要求。老师在备课时要关注这些提示和要求。王崧舟老师研读《自己的花是让别人看的》一文时，就找出了这个文本所在单元提示语里的关键词，然后从这个单元的整体语境出发，确立文本的定位，得出自己的看法。因此，语文老师只有尊重单元的整体语境，准确把握编者的编写意图，才能找到真问题。

三是从和学生的交流中找问题。教的落脚点是学生的学。学生学得怎样、学生对老师现在的教有怎样的意见和建议、希望采取哪些教学形式，诸如此类的问题都需要老师走进学生中间去了解。智慧的老师上完课后会在教室里待一会儿，和学生说说话，还会在上完一篇课文、一个单元的内容后做些调查，让学生帮助自己查找问题，并把这些问题放到备课中，带到课堂上去。

在教学管理中，要抓住备课这一环节，鼓励老师去寻找贴近教材主旨、符合学生实际的问题。在课堂中，师生围绕这些问题思考、探究，找到解决问题的方法和路径。这样，既可以激发学生的学习兴趣，又可以启迪其思维，往往能收到不错的教学效果。

我把这篇短文发给了《江西教育》，编辑回复说：建议把叙述性的内容删掉，言论上丰富严谨一下。我根据编辑意见修改了文稿，后来这篇短文发表出来了。

备课就是备问题（改后刊发稿）

备课在整个教学中举足轻重。教师认真备课，可以在钻研教材的过程中深入思考，并在此基础上结合学生的认知水平，提炼出一个个有价值的问题付诸教学实践。这样，课堂效率有可能不断提高。

可是，现在一些教师对备课就是备问题这一点没有引起足够重视，结果在教学中出现这样那样的偏差，没能达到想要的教学效果。仔细分析，一是教师自己还没有读懂读通教材，找不出其中有教学价值的问题。二是有些教师受手头现有资料的影响，被一些“假问题”蒙蔽了眼睛。

有教学经验与智慧的教师会从以下三个方面着力备问题。

一是从独立钻研教材中找问题。比如，语文教师拿到一篇课文，如果只是去找些相关的解读资料，人云亦云地把这些内容搬到备课本上，或者拿一本名校的现成教案走进课堂，这样的教学肯定是低效甚至是无效的。正确的做法应该是“裸读”教材，熟读教材，依据课标要求，联系学生的认知水平，掌握学习的重点和难点，设计有教学价值的问题，然后在课堂上和学生一起讨论探究，一起解决这些问题。

二是从教材整体安排中找问题。现行中小学语文教材以主题单元呈现，编者在每个单元的前面有针对整个单元学习的提示，在每篇课文后有明确具体的学习要求与练习。教师在备课时要关注这些提示和要求，准确把握编者的编写意图，然后从单元的整体语境出发，确立文本在单元乃至整册教材中的定位，找出有价值的问题作为课堂交流的主轴。这样的教学才能做到以学定教，有的放矢。

三是从和学生的交流中找问题。教的落脚点是学生的学。学生学得怎样？他们的“痛点”在哪里？学生对教师的教有怎样的意见和建议？希望有哪些改进？诸如此类的问题都需要老师走进学生中间去了解。教师上完课后要在教室里待一会儿，和学生说说话；在上完一篇课文、一个单元的内容后可以做些现场或问卷调查，让学生帮助自己查找问题，并把有些问题加以提炼、整合，与教学有关的问题可以带到课堂上去。

教师重视在备课环节寻找贴近教材主旨、符合学生实际的问题，既可以积淀相关的知识，加深对学科能力素养等内容的理解，又可以不断提升自己的专业水平。课堂上，师生围绕这些问题思考、探究，找到解决问题的方法和路径。长期坚持这样做，一定能收到不错的教学效果。

（三）经验总结例文

进入21世纪，担任浏阳市教育局教研室主任的我，向当时的局党委建议，为了让教师跟上时代的步伐，有必要在全市中小学教师中实施“新世纪读书工程”。我提出的“读书工程”详细实施方案，其中包括每年向全市教师推荐3—5本教育专著；年初下发读书方案，确定阅读书目，组织统一订购；年中由教研员下校做阅读辅导讲座；年底组织读书演讲赛，评选优秀读书心得和读书积极分子。局党委接受了我的建议，2001年全市正式启动“新世纪教师读书工程”。

在“新世纪教师读书工程”坚持二十年后的2020年，《教师月刊》杂志编辑约我写一篇经验总结文章，把这个区域推动教师读书的故事说给他人听。我接到任务后，只用了三天时间就写出了初稿，发给编辑，他看后觉得文章单薄了，具体的、鲜活的故事少了，缺乏吸引人的力量。得到反馈意见后，我丰富了读书工程推行后的一些人和事。《教师月刊》全文刊登了我修改后的文章。

老师们可以将修改前后的这个教育故事对照着读，也许能从中悟到一些写作要领。

愿每位教师成为读书人（原稿）

——浏阳市“新世纪教师读书工程”二十年

（一）

岁月不居，时光如流。不知不觉间，我们进入21世纪二十年了。

二十年前，我在湖南省浏阳市教育局教研室主任任上。面对飞速发展的时代、不尽如人意的教育现实和茫然疲惫的教师状态，我这个基层教研工作者常常思考：进入新世纪，面对新课改，中小学教师的专业素质该如何提高？

就着组织全市中考阅卷的机会，我组织了一次针对语文教师阅读的问卷调查。在设置的几个问题中，教师们的回答让我震惊了。(1) 45%的教师没有把四大名著读完，对这几本名著的了解是从电影、电视上得来的。(2) 83%的教师没有接触过陶行知、叶圣陶、苏霍姆林斯基等的论著，对当代的教育流派了解甚少。(3) 78%的教师对活跃在当今语文教育界的名师的教育教学风格与特点不了解。(4) 81%的教师不知道国内有哪些语文教学杂志，他们常读的报刊是单位订的《中国教育报》和《湖南教育》。

面对庞大的不读书或没书读的教师群体，基层教育行政和教研管理部门就这样听之任之吗？一个想法跳进了我的脑海：引导教师们读书，通过读书学习提升他们的素质能力！

我把这个想法写成书面建议，并找到时任教育局局长的欧远荣同志做当面陈述，欧局长当即表示完全同意，并在当年的教育局党委会上说了我的思考，局党委批准了我的建议，责成我所在的教研室拿出具体的实施方案。于是，从2001年开始，浏阳市教育局开始在全市中小学教师中实施“新世纪教师读书工程”，开启了用行政的力量推动教师读书的历程，这一坚持就是二十年。

（二）

从2001年起，浏阳市教育局每年春季开学之初，都要下发一个“浏教通”文件——《浏阳市中小学教师读书工程年度实施方案》的通知，这个文件明确了读书工程的目的意义、学习内容、组织机构、工作安排和相关要求。

为了让“读书工程”顺利推进，从2001年起，市教育局每年都要邀请全国各地的教育名师、大家到浏阳做报告、上示范课。李镇西、程红兵、高万祥、冯恩洪、朱永新、李希贵、田慧生、肖川、檀传宝、刘铁芳、闫学、吴非、高峰等几十位国内教育界顶尖的专家学者都到过浏阳讲学，他们的到来让一线教师领略诸多大家的风采，他们用渊博的学识和高尚的人格魅力为浏阳广大教师树立了标杆。《中国教育报》《中国教师报》《湖南教育》《教师月刊》等报刊都对浏阳教师读书工程做过专题报道。

（三）

二十年，浏阳市教育局持续推进教师读书工程，既是无奈之策，也是强教之举。因为读书是个人的事，以行政之力来统一要求教师读书，确实有些无奈。可当一个地方的教师状态和教育生态影响到教育质量与形象时，教育行政管理部门不能坐视不管，应该有担当、有作为。必须想方设法把教师的时间和精力引导到读书学习上来，从而实现让优秀的人去培养更优秀的人。苏霍姆林斯基说，一种热爱书、崇敬书的氛围乃是学校和教育工作的实质所在。无数事实证明，唯有喜欢读书的教师在教育学生时才能彰显出人格的魅力和教育的力量。

读书工程开展之初，确实有一些教师不理解，有的教师甚至扬言要向上级告状。面对这些，教育局党委和行政一班人态度鲜明，鼓励、督促教师读书，这事错不到哪儿去！局长表态：不争论、不停步，看准了的事情紧抓不放。一年又一年，要求全体教师读起来，读下去。现在，每名浏阳教师家里的书柜里都有60多本教育方面的专著，一批又一批教师、校长在读书工程推动下，在与名家的对话交流中整体素质有了较大的提升，他们在各自岗位上不断成长、成熟，很多人成为享誉省内外的名师、名校长。二十多年来，浏阳的中小学教师无论是参加省市的学科教学竞赛，还是到上海、深圳这些发达地区应聘，均大受欢迎，外界评价浏阳的老师既有教育理论功底又有教学实践经验，实属难得！

让每位教师都成为读书人，这是设计读书工程的初衷。当然，这只是一个良好的愿望。正如你无法叫醒一个装睡的人一样，你也无法寄希望于通过什么“工程”，就能让一部分不读书的教师喜欢上读书。可教育管理部门不能因此置大多数想读书、要求进步成长的教师而不顾，必须给这些教师指明方向、提供便利，这样才是有所作为的体现。事实证明，一个区域的教师持之以恒、久久为功的读书学习，一定能改变这个地区的教育氛围与生态，提高教育教学质量。二十年来，浏阳市中小学教育质量一直位列长沙市第一，每年有3000多人升入二本以上的大学，每年有多名学生升入北大、清华。目前，浏阳市有三所省级示范性高中（这在整个湖南省是最多的），一所国家级示范性职业中专。全市中小学办学水平和教育质量整体较高且相对均衡，目前正在向更高质量迈进。

二十年读书学习不寻常，愿浏阳教育再上新台阶！

编辑老师看了我的初稿后，直接回信表示不满意。他说，这么一个好题材，一定要有一个个鲜活的故事充盈其中，而不是干巴巴地记述一下事情的经过及结果。接到他的回信后，我陷入了沉思，“读书工程”实施了二十年，里面确实有好多的故事啊！于是，我重新翻出相关的文件、笔记和照片，补充了好几个故事，使得文章内容逐渐厚实、鲜活起来。

愿每位教师成为读书人（改后刊发稿）

——湖南浏阳市实施“新世纪教师读书工程”的故事

岁月不居，时光如流。不知不觉间，我们进入21世纪已经二十年了。

二十年前，我在湖南省浏阳市教育局教研室主任任上。面对飞速发展的崭新时代、不尽如人意的教育现实和茫然疲惫的教师状态，我既兴奋又顾虑重重。作为一名基层教研工作者，我常常思考：进入新世纪，面对新一轮基础教育课程改革，现有的中小学教师能适应吗？怎样提高全市教师的专业素质？

介绍浏阳市基本情况，让读者对这个地方有一个初步印象。

浏阳市地处湘东，人口总数居湖南省第一，地域面积居湖南省第二，是有名的“花炮之乡”，全市150万人口有三分之一从事花炮行业。浏阳又是革命老区，毛泽东主席当年领导秋收起义就是在浏阳南区一个叫文家市的地方会师后，最终确定放弃攻打城市，上井冈山走“农村包围城市、武装夺取政权”的道路。这片土地上走出来的谭嗣同、胡耀邦，是浏阳精神“自强不息，敢为人先”的生动体现。

进入新世纪的浏阳，各项事业蒸蒸日上，教育改革也在一步步向前推进。面对全市一万两千多名中小学教师这个庞大群体，他们的精神面貌和教学水平直接影响着浏阳今后的发展。借着全市中考阅卷的机会，我组织了一次针对语文教师阅读的问卷调查。从收上来的100多份答卷得知：

（1）45%的教师没有把四大名著读完，对这几本名著的了解主要是从电影、电视上得来的。

具体叙述组织问卷调查的情况，为读书工程的实施提供依据。

（2）83%的教师没有接触过陶行知、叶圣陶、苏霍姆林斯基等的论著，对当代的教育流派了解甚少。

（3）78%的教师对活跃在当今语文教育界的名师的教育教学风格与特点不了解。

（4）81%的教师不知道国内有哪些语文教学杂志，他们常读的报刊是单位订的《中国教育报》和《湖南教育》。

语文教师都没有好好读四大名著，这让我十分震惊。面对庞大的不读书或没书读的教师群体，基层教育行政和教研管理部门就这样听之任之吗？难道就不能助老师们一臂之力吗？促使他们不断成长吗？一个想法跳进了我的脑海：引导教师们读书，通过读书学习提升他们的素质能力！

欢庆新世纪后，我的思考比较成熟了：

在全市中小学教师中组织实施“新世纪教师读书工程”。

我把这个想法写成书面建议，并找到时任教育局局长的欧远荣同志当面陈述。儒雅的欧局长当即表示完全同意，并把我的建议带到当年的教育局党委会上交党委委员们讨论，会上批准了我的建议，责成我所在的教研室拿出具体的实施方案。我当时那个高兴劲儿现在回想起来还不能自已，在很短的时间里就拿出了实施方案。于是，从2001年开始，浏阳市教育局开始在全市中小学教师中实施“新世纪教师读书工程”，开启了区域性用行政力量推动教师读书学习的历程，这一坚持就是二十年。

难能可贵的是，二十年来，浏阳市教育局换了几任局长，自欧远荣局长始，而后是肖长礼局长、陈耀文局长，到现在是汤显华局长，一位接一位，一直坚持做这项读书工程，这在全国来说都是不多见的。分管业务的副局长和教研室主任也换了好几位，他们

概括二十年来几任局长接续此事的情况。

也都全力推动这项工程向前走。

(一)

从2001年起，浏阳市教育局每年春季开学之初，都要下发一个“浏教通”文件——《浏阳市中小学教师读书工程年度实施方案》的通知，这个文件明确了读书工程的目的意义、学习内容、组织机构、工作安排和相关要求。

比较详细地解读教育局下发的相关文件。

在组织机构中，由教育局局长担任读书工程领导小组组长，分管人事和业务的副局长为副组长，领导小组下设办公室，由教研室主任担任办公室主任，成员有教育科、教研室、装备站等科室负责人。

在学习内容中，确定当年教师必读书目，由教研室在前一年就去采购一批书籍，教研员先行阅读好这些书籍，然后大浪淘沙去掉一些不太适合全体中小学教师阅读的书籍，将适合的汇集在一起。每年向教师推荐阅读3—4本教育专著，平均每个季度读1本，应该说是可能的也是必需的。书籍以教育专著为主，有些年份，还给教师推荐了提升人文素养、缓解职业压力、调适心理状态等方面的书籍。

在工作安排中，明确了读书工程推进的时间节点和全年必须组织的活动。每年组织的相关活动有：

(1) 全市校长和部分读书积极分子读书沙龙活动。分中学和小学两个学段组织，由省市名校长或名校长工作室成员与全市教育管理干部分享读书心得；把读书多、对促进自身教育教学产生很好影响的教师推荐到各学校做巡回演讲，分享读书和工作的快乐。

(2) 全市教师“我读书，我成长”演讲比赛活动。每所中小学通过学校预赛、初赛，确定到全市参加决赛的人选，这样，让全市教师都有机会展示自己和学习他人。

(3) 各中小学成立读书会，分享读书心得体会。通过多年的努力，现在浏阳市的中小学校办学条件得到根本改善，教育局及时提醒和要求各中小学要成立学校教师读书会，要为教师建好“读书吧”。学校读书会定时组织教师分享读书和人生心得体会，让教师以积极的心态面对工作和生活。

（4）100篇读书心得评选活动和100名读书积极分子评选活动。每到12月，教育局会要求各学校推选本年度本单位教师优秀读书心得和读书积极分子到局里参加全市性的评选。

市教育局组织这些活动后每次都会发通报到各校，把它作为一项学校常规工作来做。同时，给这些活动的优胜者奖励书籍。

在相关要求中，市教育局一是对各学校的读书活动提出明确要求，什么时间点做什么事。二是将教师读书工作纳入教师的年度绩效考核中。三是各学校按照教育局确定的必读书目，向读书工程领导小组办公室提交本单位征订书籍的数目。原则上要求每位教师一套，夫妻均为教师的可以只订一套，书费可在学校办公经费中列支。每年3月底，由新华书店统一采购图书下发到教师手中。四是市教研室的各学科教研员每人准备两个读书学习辅导报告，下到全市中小学校给教师们做阅读讲座，引导教师们走上读书与研究的幸福之路。在与教师们的交流中，我们全力倡导收入再少也要买书，房子再小也要藏书，时间再短也要读书，交情再薄也要送书。经过多年的努力，浏阳市各中小学形成了较好的读书氛围，书香校园建设迈出了坚实的一步。全国各大媒体如《中国教育报》《中国教师报》《湖南教育》《教师月刊》等报刊都对浏阳教师读书工程和书香校园的建设做过专题报道。

（二）

为了让读书工程顺利推进，从2001年起，市教育局每年都要邀请全国各地的教育名师、大家到浏阳做报告、上示范课。李镇西、程红兵、高万祥、冯恩洪、朱永新、李希贵、田慧生、肖川、檀传宝、刘铁芳、闫学、吴非、高峰等几十位国内教育界顶尖的专家学者都到过浏阳讲学，他们的到来让一线教师

详细记叙了几位教育名家来浏阳讲学的情况，让读者有身临其境的现场感。

领略了诸多大家的风采，他们用渊博的学识和高尚的人格魅力为浏阳广大教师树立了标杆。

首先请到浏阳的是李镇西老师。我是从《中国教育报》和一些语文教学杂志上了解到李老师的，当时有人称他为“苏霍姆林斯基式的教师”。于是我去信联系，李老师接受了邀请，并提出想上一堂初中作文讲评课。他嘱咐我在浏阳一所中学里随意找一个班布置一次作文，写好后寄过去，他说自己从不打无准备之仗！我被李老师认真负责的态度感动了，当即找到新民学校的一个班，按他的要求做好。2000年5月，李老师来了，能够容纳一千多人的浏阳一中科技馆报告厅内座无虚席，李老师给新民学校的这个班上了一堂作文讲评课。因为事前准备充分，师生合作良好，这堂课上得非常成功，让听课老师感觉意犹未尽，课后李老师又和听课老师进行了愉快的交流。第二天在浏阳大剧院，李镇西老师向全市一千多名中小学骨干教师介绍了他的民主管理思想和语文教学特色。比如，给已经录取还没有到过学校的学生每人写一封信，介绍学校和老师的情况，让新生对即将就读的学校充满感情和向往；请著名作曲家谷建芬为自己的班级谱写班歌；组织校外活动，将自己融入学生中间，和学生一起读书、游戏等。李老师一个个鲜活的教育教学故事感动了与会的教师，让他们眼前一亮。

朱永新老师来到浏阳。2002年，我带队到江苏学习先进地区的教研经验，与朱老师邂逅在张家港市高级中学。朱老师时任苏州市副市长、苏州大学教授。之前我读过朱老师的《我的教育理想》一书，见面后我谈起对这本书的感受，并说出邀请他到浏阳讲学的愿望，朱老师愉快地接受了邀请。2002年五一小长假期间，朱永新老师来到了浏阳。市教育局在浏阳一中体育馆里组织了“朱永新教育思想报告会”。朱老师为两千多名教育管理干部和骨干教师整整讲了一天。5月正是南方的梅雨时节，倾盆大雨从半夜就开始了，没有停歇的样子。4日早晨，听课者冒雨前来，很多人浑身湿透。朱老师深为感动，听着屋顶上炒豆子一样“噼里啪啦”响个不停的雨滴，朱老师开场风趣地说：“今天浏阳的教师们有福了，我讲课还有老天爷奏乐呢！”一句话，把所有听课老师的情绪都调动起来了。接着，朱老师以广阔的视野、深入的思考和卓著的研究成果，给浏阳教师带来一场教育的饕餮盛宴。虽然天公不作美，可大家都沉浸在他对教育的识见和智慧之中，获得了极大的精神满足。

2005年5月21日，时任山东省潍坊市教育局局长的李希贵老师应邀来到浏阳。我本人对李希贵老师并不陌生，读过他的专著《中学语文教改实验研究——语文实验室计划》。之前，我也曾参与市教育局组织的学习团到山东高密市去学习过，因此见面后和李老师聊得很开心。我们浏阳参访团对当时高密市李希贵局长治下的教育教学改革十分钦佩和认可，回来后还专门召开“学高密先进，找浏阳差距”会议，并把高密的口号“当学生喜欢的老师，做社会敬佩的校长，办人民满意的教育”移植到浏阳，作为我们今后一个时期内的教育目标。我特别珍惜向名家学习的机会，21日晚上，我和李局长在他下榻的宾馆做了进一步的交流。之后不久，我把这次交流的一些话题写成题为《让每个人都感觉很重要》的文章，发表在《湖南教育》上，让更多的教师全面了解这位当代基础教育领域里的思想者与开拓者。22日上午，在新落成的欧阳予倩大剧院，李老师以《新课程背景下的课堂革命》为题和我市一千多名教师进行了交流。他用略带山东高密地方特色的普通话向与会者诠释了如何用科学的理论、缜密的策略和扎实的行动去进行课堂改革，让所有听众深受启发。

2013年，在教师读书工程开展到第13年之际，已经是市教育局分管教学教研副局长的我思考着如何深化这项工程。在局班子会上，我提出应该以“提高教师的师德师能”为主题，组织一场读书工程阶段性总结表彰会的想法，表彰前期在读书学习方面做得好的学校和教师个人，得到全体班子的认可。怎样组织这样的活动？我想到了华东师范大学出版社，因为华东师大出版社的“大夏书系”和北京的“源创图书”，是当今教育类图书的两个品牌，为一线教师提供了很多好的教育专著，也给我们的读书工程提供了很多优秀图书。华东师大出版社相关负责人听到我的设想后，非常支持，为我们请来了吴非老师和闫学老师，并给我们评出的十位读书积极分子每人送一套“大夏书系十年经典”。

详细地描述了读书工程表彰大会的情况，给人启发，令人鼓舞。

活动当天，我们组织了两千多人与会，市里分管教育的副市长和政协副主席均到场，教育局全体班子成员出席。而华东师大出版社请来了总社社长和北京分社社长，还邀请到《中国教育报》读书周刊主任和《教师月刊》主编，场面宏大而感人。表彰会上，我们邀请华东师大出版社社长王焰女士讲话，王社长在高度赞扬浏阳教育局的创举和广大教师的读书热情后，代表华东师大出版社当场表态近期向浏阳教育界捐赠价值20万元的图书。她的这一举动让活动组织者始料不及、喜出望外。之后，吴非老师和闫学老师分别以“做一盏明亮的灯”和“教育阅读的生命之流”为题做了专题报告，他们用亲历的一个个鲜活的故事感动了现场的每一位老师。这次大规模的阶段性读书总结表彰活动之后，全市各学校教师中再一次掀起了读书学习的高潮。《中国教育报》读书周刊主编王珺老师撰写了长篇报道《浏阳河畔书声朗》在该报发表出来。

(三)

二十年，浏阳市教育局持续推进教师读书工程，既是无奈之策，也是强教之举。因为读书是一个很个人的事，迫于现状，以行政之力来统一要求教师读书，确实有些无奈。可当一个地方的教师状态和教育生态影响到教育质量与形象时，教育行政管理和教育研究部门不能坐视不管，应该有担当、有作为，想方设法把教师的时间和精力引导到读书学习上来，从而不断提高育人者的素质能力，实现由优秀的人去培养更优秀的人的目标。苏霍姆林斯基说，一种热爱书、崇敬书的氛围乃是学校和教育工作的实质所在。无数事实证明，唯有喜欢读书的老师在学生面前才有资格谈教育，也惟其如此才能彰显出老师的人格魅力和教育的力量。

读书工程开展之初，有一些教师不理解教育局的这些做法，有的教师甚至扬言要向上级告状。教育局党委和行政一班人没有被这些言行左右，态度鲜明地表示：鼓励、督促教师读书，这事错不到哪儿去！局长强势表态：不争论、不停步，看准了的事情紧抓不放。这就是浏阳教师读书工程能够坚持二十年长盛不衰的原因。听说浏阳市教育局在实施教师读书工程，省内外一些教育行政和教研部门慕名而来，听我们介绍时也曾血脉偾张、跃跃欲试，可回去推行了一两年后就不了了之。原因可能是听到一部分老师的反对意见，只好以“多一事不如少一事”的想法而自我放弃。而浏阳市教育局却顶住压力，一年又一年，要求全体教师读起来，读下去。

反思二十年来浏阳市教育局实施的教师读书工程，有经验也有教训，有成绩也有不足。

一是推荐给教师读的书缺乏整体性设计、系统化安排。一位教师要储备哪些知识才能成为一名合格乃至优秀的教师？他们应该读哪些书才能储满这些必备知识并将它们转化为教育教学能力？工程的设计者没有做全面而长远的考虑，因此推荐给教师阅读的书籍以当时在市场上反响好为标准，出现了经典名著偏少、缺乏整体和系统设计的情况。

二是对教师的心理与修为关注不够。纵观二十年来推荐给全市教师阅读的书目，90%是教育理论方面的专著，虽然有的年份也推荐了教师心理调适、个人修养和守法依规方面的书籍，但总体不到总数的10%。而从现实情况看，教师在职业认同、师德师风、心理状态和运用法律武器等诸多方面存在着比较严重的问题，他们渴望通过阅读相关书籍得到这些问题的答案。

三是对教师的学科教学关注不够。因为考虑推荐的书适合所有学科的老师阅读，所以也就自然产生了另外一个问题：忽略了学科名家与学科专著的推介。这也使得一部分教师认为推荐的书籍对自己的教学帮助不大，因而阅读兴趣不高，甚至懒得读书的情况时有发生。

四是对部分著作的可读性存疑。因为推荐的书籍只是教研室的教研员凭个人兴趣爱好确定出来的，不一定适合所有教师的口味。还有就是有些书的内容和表达形式存在问题，也在一定程度上影响了阅读的兴趣与效果。

诚恳地反思了读书工程的不足，这是十分可贵的。

五是对一些在读书学习方面做得好的学校和教师，帮助他们总结提升不够。二十年里，通过阅读，一批批教师茁壮成长起来，他们自觉地把学习力转化成教育力和教学力，在自己的岗位上做出了很大的成绩。但教育局没有顺势而为，给他们及时的肯定与鼓励，更缺乏帮助他们对自己的教育教学特点与特色进行总结提升的举措。

在今后推进这项读书工程的过程中，我们认识到还有较大的改进和完善空间。

一是在推荐书目方面，定位于“扬长补短”，做好整体安排。即针对党和政府及社会对教育发展的要求，通过调查分析，了解当前教师阅读中存在的问题，尽可能地让推荐的书籍能够引导教师挖掘自己的长处与优点，并能够帮助教师补齐知识与素质能力方面的不足。

二是在确定每年教师必读书目的同时，实行“上级确定与自由选择两便”的措施，即在确定当年必读书目的同时，给老师们提供一份可供选择的书单，特别是一些与自己所教学科相关的书目，让老师们有机会自由选择相关书籍购买并阅读，今后可以尝试将必读书目的选择权都交给老师们。这样既可以消解部分教师对上级确定的必读书目的厌烦、抵制情绪，又给大多数教师提供了好书信息和自主阅读的空间，相信老师们会愉快地接受。

对读书工程今后怎么做有具体的建议。

三是教育局相关部门全面、及时总结辖区内的教师在阅读与工作方面的做法，向有关媒体推介本地区优秀教师在育人、教学等方面的经验，让越来越多的教师有职业认同感和获得感。

（四）

举两个事例（一个小学，一个高中），重点写他们通过阅读改变了课堂与课程。说明读书工程的成效，增强了文章的说服力。

阅读是最好的备课，也是有力的示范。通过二十年的积淀，现在浏阳每个教师家里都有六十多本教育方面的专著，教师队伍中有很多真正的读书人，全市上下读书学习蔚然成风。他们不仅为自己而读，将阅读作为生活的一部分，在各自岗位上不断成长、成熟；他们也为孩子们为校园而读，用阅读让校园浸润书香，把教育引入澄明之境。

新文学校是一所享誉浏阳市的九年一贯制民办学校，办学十多年来，成绩斐然，成为浏阳的窗口学校。这里的老师好学、踏实，有爱心、有激情、有智慧，张碧老师就是其中的代表。她曾多次被评为浏阳市“优秀教师”“优秀班主任”“读书积极分子”，多次在市级教学比赛中获得一等奖。她撰写的多篇论文及教学设计获省、市级奖励，还曾担任《生命教育》的教材编写者。

张老师是一名学习型老师。她经常说的一句话是：“要想成为更优秀的老师，只有不断学习钻研。”平日，她自加压力，自定读书计划，不停地读书学习，并积极撰写读书体会与感悟，用书香引领自己成长。她全身心地投入工作，先后在自己的班级开展了低年级识字写字，低、中年级习作，高年级习作指导讲评，中、高年级群文阅读，整本书阅读、复习课等一系列教学专题研讨活动。在各项教学比赛和送课活动中，她对承担任务的老师倾心相助，反复进行磨课、评课，力争让老师们展示出最优秀的自己。

张老师以“做一名激情飞扬的语文老师”

为奋斗目标，以提升常态语文课的实效性为核心，倡导自主合作的学习方式，扎扎实实为培养学生的语文素养努力着。在她的课堂上，她关注每一位“沉默”的学生，总是想方设法调动他们的学习积极性和自信心。由她执教的语文学科，学生课业负担轻，学得活，学习成绩优秀。她还非常注重培养学生的阅读兴趣及阅读习惯。每学期初，她会分阶梯给学生推荐一些有益的课外书，并围绕这些书目开展一系列的活动，如“整本书的导读”“好书推荐”“阅读分享会”“课外知识竞赛”等，让学生真正在阅读的道路上一路欢乐，一路收获。

张老师用慧心触摸着语文教学这片多姿多彩的天地，走出了一条浸润书香、充满热情、闪耀智慧的教研之路。正因为好学钻研和勇于实践，使得她的个人素养、业务能力和工作业绩获得学生、学校领导、同事及家长的一致认可与好评。

和张碧老师善于把学习力自觉转化为教

育力、教学力以及服务学生心理健康成长的能力一样，浏阳市第二中学戴果丰老师也是在不断的读书学习中成长起来的优秀教师。戴老师是浏阳市高中语文名师工作室首席名师、语文学科带头人，长沙市首批卓越教师，全国教育科研先进个人。

出身教师家庭的戴老师家里藏书五千多册，“以学习者身份从业，以思想者姿态立身”是他的座右铭。在他看来，推动一个人的专业成长应该有两个轮子，一个叫作“情感”，一个叫作“思考”。前者体现教师热爱本职、热爱学生，并从中体验到奉献的自豪；后者让教师明确自己的努力方向，科学而理性地实施自己的教育计划，不断总结、提炼、升华自己的教育实践。他自知自己的性情、素养和积累适合当老师，只要迈进教室的门槛，就意气风发挥洒自如；只要走到学生中间，就充满激情溢满快乐。为了让学生提高学习效率，他总是告诫自己，应该修炼成教学上真正的行家里手，要不断地学习—超越—再学习—

再超越。为了追求教学上的自我超越，他每年订阅多种业务杂志，把购书读书作为人生一大乐事。

长期的读书学习提升了戴老师的教学力，凸显出他的教学特色。他在语文教学设计上追求“用教参而不囿于教参”的个性化处理，总是在广泛占有资料的前提下精心选材备课，从而形成自己“纵横拓展，征引自如，浅入深出”和“知能并重，激思启智，师生互动”的课堂教学特色。教史铁生的《我与地坛》时，他向学生拓展推介陆幼青的《死亡日记》；教余秋雨的《道士塔》，他引导学生探究并辩论“秋雨散文”的优劣；教先秦两汉诗歌单元时，他在整合多首古代爱情叙事诗的基础上，精选当代描写婚恋的小小说和纪实散文编印成《爱情·婚恋·人生》专辑资料，引导学生探讨婚恋的真谛。为了让学生“得法于课内，得益于课外”，他一面精心选购300余册精品图书，组织学生自办“拓智”图书角，让学生有经典好书可读；一面独立开发校本教材《“悦读·怡情·拓智”语文读本》，这一读本体系独特，选材精粹，文质兼美，内容贴近学生心灵，成为打通课内外语文学习的重要桥梁。戴老师在语文教育领域的探索创新获得了极大的成功，得到了同行和学生的充分肯定。迄今为止，戴老师撰写论文30余篇，并有教辅书5种、校本教材2册出版，主持的2项湖南省教研课题均获优秀奖。可以预料，戴老师的教学成就将越来越大。

二十年来，像张碧老师和戴果丰老师这样通过读书学习和教学实践成长起来的老师在浏阳不胜枚举。

区域性推动全体教师读书，让每位教师都成为读书人，这是当初设计读书工程的初衷。也许，这只是一个良好的愿景。正如你无法叫醒一个装睡的人一样，你也无法寄希望于通过什么“工程”，就能让一部分不读书的教师喜欢上读书。可教育管理部门不能因此置大多数想读书、要求进步成长的教师而不顾，必须给多数教师指明职业方向、提供成长便利，这样，才是有所作为的体现。

事实证明，一个区域的教师持之以恒、久久为功地读书学习，一定能改变这个地区的教育氛围与教学生态，提高教育教学质量。二十年来，通过读书学习和不停的教育教学实践，很多教师成为享誉省内外的名师、名校长。现在，无论是特级教师、正高级教师，浏阳在长沙市内占的份额都是最多的。浏阳的中小学教师无论是参加省市学科教学竞赛，还是到上海、深圳这些发达地区应聘，均大受欢迎。他们评价浏阳的老师，既有教育理论功底又有教学实践经验，实属难得！浏阳市中小学教育质量多年来一直位列长沙市第一。目前，全市中小学办学水平和教育质量整体较高且相对均衡，并正在向更高质量迈进。

再从整体上概述读书工程成效，结尾简洁、有力。

二十年读书学习不寻常，愿浏阳教育再上新台阶！

◎点评

经验总结样式的文章，前提是有真实的事件发生，因此，文章应该包含“为什么要这么做”“具体是怎么做的”“做了以后效果如何”这三个关键要素。首先，应该交代这件事情发生的时间、地点和背景，说明“为什么做”的问题。其次，要说明推进这件事的具体措施，即怎么做的。再次，要用数据和例子说明这样做了之后带来的效果。例子要有生动性、代表性和典型性，才能够有感染力和说服力。

四、投稿有门道

文章写好后自己又修改多次，自以为比较成熟、完善了，可以向相关报刊投稿。只是你不能抓着一个刊物就投过去，而要先了解一些报刊，这样才不至于无的放矢，最终投稿如泥牛入海。这时，你不要怨天尤人，要打破这样一种思维，就是觉得只有熟人才有发文章的机会。实际上，这投稿有学问、有门道。

1. 研究要投的报刊

你想给什么刊物投递文章，你就要对这个刊物的文章进行文献研究，研究达到一定数量以后，你不仅可以摸到格式、标题、引注等门路，而且也知道刊物的风格、特点、主要关注的方向，如此“知己知彼”，就能“百战不殆”。

2. 对准相关的栏目

不单要研究相关报刊，你还要进一步研究这些报刊里设置的栏目，比照一下你手里的文章投到哪个栏目里。比如你手里是一篇篇幅较短的，由当下社会生活、教育生态引发而动手写作的随笔，就可以选择相关报刊的“卷首语”或“随笔”专栏投稿，这样命中率才会高。

3. 琢磨已发的文章

稿件发表了，要想一想为什么能发表，要研究编辑在刊发时是如何改动的，为什么要这样改动，要好好体会编辑修改的用意，发现自己的问题，为下次写作积累经验。就稿件投递而言，要不怕失败，很多东西都是熟能生巧，早期的多次失败谁都会遇到。

结束语

努力成为优秀的表达者

教育写作能够培育教师的思维、情感和表达能力。杂文家、语文特级教师王栋生曾说，语文教师如果自己缺乏写作经验，不能在课堂上激发学生的写作热情，没有能力教授给他们写作技能，就是自身职业素养欠缺的表现，就不可能完成写作教学任务。他直言不讳地指出：对语文教师而言，“不会写”，是基本功不合格。你的确可以“不想写教学论文”，但如果原因是“不会写”，那是不称职。你认为“我能上课就行”，可一个“不会写”的人怎么“教学生写”？

其实，不单语文教师要会写，中小学其他学科的教师同样应该具备写作的意识和能力。因为写作的过程也是梳理和砥砺自己思想的过程，一方面，写作具有自我观察和审视的作用，可以对头脑中的知识进行梳理；另一方面，写作又可以使知识体系更加成熟。同时写作还为教师提供了表达思想的机会，可以使思想在交流和传递的过程中生长、改造。之所以很多教师处于写作无意识状态，是因为他们读书少，缺思考。如今，学校里真正把读书、写作当作生活一部分的教师不多，甚至有的骨干教师和名师也存在少读书、懒动手的情况。

作为一名中小学教师，应该从哪些方面入手读书呢？

一是读基于学科夯实功底、打开思想的专业书。读专业的书包括：学科课程标准；教科书；学科专业杂志；本学科前辈的专著。一个教师想要在自己的专业道路上走得更远，一定要主动地、系统地阅读教育理论著作。从古代的典籍中寻找智慧，从现当代教育家的著作里寻找智慧。因此，一定要读读现当代教育名家的著作，读一线名师的书。

二是读启迪智慧、滋养心灵、温暖生命的素养书。这里说到的素养包括人文素养和科技素养两个方面。读提升人文素养的书：可以从《诗经》《楚辞》《四书》《五经》一直读到唐诗、宋词、元曲、明清散文小说；可以读古今中外著名作家的作品，包括诺贝尔文学奖获奖作品，中国当代茅盾文学奖获奖作品；可以读那些洋溢着人性关怀的作品。读提升科技素养的书：可以从读《十万个为什么》开始，这本书近几十年来对中国各阶层影响很大；还可以读如《智能革命》之类反映当代科技发展水平的书，这些书让我们对未来充满期待。

对中小学教师而言，通过不间断的阅读来丰厚自己的专业素养和人生根基，写作就成为一件必然的事。从教师专业发展的角度来看，我们倡导的教育写作是一种广义的研究式写作，即对自己所从事的工作不停地思考、研究，诚如苏霍姆林斯基在《我怎样写教育日记》中写到的："凡是引起你的注意的，甚至引起你一些模糊猜想的每一个事实，你都把它记入记事簿里。积累事实，善于从具体事物中看出共性的东西——这是一种智力基础，有了这个基础，就必然会有那么一个时刻，你会顿然醒悟，那长久躲闪着你的真理实质，会突然在你面前打开。"这样的写作可以帮助我们积累事实经验，记录和留下生命的痕迹，然后，把这些经验拿出来让更多的人了解，并运用这些成果去指导自己的教育教学实践。

由此可以看出，中小学教师一定要破除写作的神秘感和畏难情绪。只要做有心人，把身边引起你注意的，你感觉有意思和有意义的情境或事实记录下来，你就开始了写作。

那么，什么是好的广义的研究式写作呢？著名编辑、作家叶开先生用"八字箴言"做了概括，即做到"真情实感，准确自然"。"真情实感"不用详细解释，每一个人都很容易判别"虚情假意"和"真情实感"。从写作的角度来看，文字比眼神更真实，更容易辨认。“准确自然”则既是写作的最基本要求，也是最高要求，是最难达到的表达境界。意大利文学大师伊塔洛·卡尔维诺在他的演讲集《未来千年文学备忘录》里说：“准确，是最优美的语言。”我们倡导的教育写作是要让事实说话，用证据分析，扎实地做，朴实地写，这应当是教育写作的最高境界。

清华大学原副校长谢维和教授呼吁教育文章要“朴实平和”。他说，朴实平和的教育文章一定是比较好看的，它能够让人们喜欢读、容易懂，看起来不紧张，而且很轻松。可以说，这是教育研究的基本功之一，也是教育研究的一种专业要求。教育文章则一定要有教育性，这种教育性在写作和文字上的表现与特征之一则是朴实平和，甚至可以是大白话，是有乡土气息的话语，由此形成非常有效的可接受性。他强调，朴实平和其实是优秀学术文章的重要标准之一。因为，能够用某种朴实平和的语言写出有思想的理论文章，将教育实践工作者丰富的实践感受与直接经验相结合，提炼与概括成通俗易懂的理论，直观地反映了学者和教育研究工作者的学术水平。这样的文章不仅从现实走进了理论，而且从理论中走出来，回到了现实，达到了一种学术与理论的融合，一种具有实践价值的理论。能否写出朴实平和的好文章，关键还在于研究要到位，学问要到家。其实，国内外许多非常有名的教育家和学术大师，如陶行知、叶圣陶、晏阳初与杜威、苏霍姆林斯基、蒙台梭利等人，他们的文章都是非常朴实平和的。他们都是我们学习的榜样。

祝愿老师们成为优秀的表达者！

参考书目

王尚文：《漫话文学语言》，华东师范大学出版社，2019。

王栋生：《王栋生作文教学笔记》，中国人民大学出版社，2019。

〔美〕斯蒂芬·金：《写作这回事：创作生涯回忆录》，上海文艺出版社，2014。

〔美〕约翰·杜威：《民主主义与教育》，长江文艺出版社，2018。

汪瑞林主编：《教师自我突围的秘诀》，华东师范大学出版社，2019。

夏丏尊、叶圣陶：《文心》，生活·读书·新知三联书店，2021。

颜莹:《教育写作:教师教育生活的专业表达》,江苏凤凰教育出版社,2020。

程翔:《我的课堂作品》,商务印书馆,2020。

于漪:《点亮生命灯火》,商务印书馆,2019。

孙孔懿:《苏霍姆林斯基评传》,人民教育出版社,2017。

孙孔懿:《苏霍姆林斯基教育学说》,人民教育出版社,2018。

吴松超:《给教师的68条写作建议》,华东师范大学出版社,2021。

顾之川:《顾之川语文人生随笔》,山东教育出版社,2019。

叶开:《写作课》,广西师范大学出版社,2018。

李希贵:《36天,我的美国教育之旅》,华东师范大学出版社,2006。

顾之川编:《叶圣陶、吕叔湘、张志公语文教育名篇精选》,福建教育出版社,2021。

〔英〕乔伊·帕尔默主编:《教育究竟是什么?100位思想家论教育》,北京大学出版社,2008。

贲友林:《重新认识课堂》,教育科学出版社,2019。

后记

2015年9月，我因年龄原因从湖南省浏阳市教育局副局长岗位退下来之后，蜗居北京，以读书、写作、健身为生活的主要组成部分。因为日子清闲下来，每天读书，经常写作，开了一个名为“布衣村言”的公众号，把自己写的教育类和文学类的文章放进去，引得万人围观。我把其中读者反映较好的文章发给一些报纸杂志，每年有三四十篇短文在全国各级报刊发表出来。很多老师看了我的文章，关注了我的微信或公众号后，经常把他们写的文章发给我，请我修改。我注意到，老师们的文章里有真事，有真情，但很多文章存在观点不明、层次不清、词不达意的问题。有的文章根本无法下笔修改，我只得说些鼓励的话，提些写作建议。

有一次回到老家过年，在路上与朋友相遇，这位原先的部下现在在市教育局人事科负责职称评审工作。他知道我曾多年担任省市中小学高级教师、特级教师评委，寒暄后就说起了本年度全市的中小学高级职称评审情况。他说，2021年我市有五位教师因参评文章不合格被取消了资格。我问他原因。他遗憾地说，这五位教师写完文章后找那种假刊物发表的，结果被查出来了。我听后感到十分震惊和可惜。

朋友说的事一直在我心里堵着，它让我想起一首流行歌曲《童年》里的几句词："总是要等到睡觉前，才知道功课只做了一点点；总是要等到考试后，才知道该念的书都没有念。"我们现在很多老师何尝不是这样，总是要等到评职称的指标来了，才发现文章还没有准备好。于是，正如"病急乱投医"那样，匆匆写个稿子，急急找个刊物，结果找的是假刊，最终把自己害了。

由此，我常常想到目前中小学教师的写作情况，多数教师处于一种没时间写、不会写的状态，这在很大程度上影响了他们的专业成长。怎样让教师把写作当作一种生活方式呢？

我觉得作为一名有四十年教龄、在基层干了十多年教研工作的人，有责任为老师们在这方面做点事。虽然我心里明白有些不自量力，但还是想尽力而为。

在写作这本书的时候，我回忆起自己的教育写作经历。三十多年前，我在一所高中教高三语文，当时的高考作文流行材料作文。我到学生中间调查，询问他们写这种形式的作文时最大的痛点在哪里？学生普遍反映对给出的材料不知怎么把握。带着这个问题，我研读语文报刊上的相关文章，听了很多节同事的课，之后认真备课走进课堂，和盘托出自己的构想，告诉学生面对给出的材料，应该如何做，结果收到很好的效果。课后学生们围住我，高兴地说起今后遇到这类作文知道怎么做了。我也很兴奋，回到办公室后提笔把这节课上教的方法整理成一篇文章寄给报社。不久，《中学生学习报》将文章发表出来。这算是我在报刊上正式发表文章，受此鼓舞，后来我陆续在各级报刊上发表了很多教育教学类的文章。因为教研成绩突出，在学校工作十年后，调入市教育局教研室担任中学语文教研员。在这个平台上，我写作的动力更充足，写作的内容更宽广，因此就有了几本正式出版的小书。

我之所以要讲自己的教育写作故事，是因为想通过个人的亲历告诉老师们，写作无难事，只怕有心人。也许有人会说，你这本书提到的写作样式并不是严格意义上的论文啊。其实，界定是不是论文有两把尺子：狭义的教育论文专指通常所说的科研论文或学术论文，广义的教育论文可以指所有的教育写作样式，如这本书里提到的。我想，引导教师从落实教学常规做起，从自己熟悉的教育教学生活落笔，留下自己的思考痕迹和实践智慧，可以克服对那种“高、大、上”论文写作的畏惧感。因此，我一直建议，中小学教师就是要多写广义的教育论文。当然，教师的写作不止书中列举的几种样式，还可以有文献综述、课题研究报告……限于篇幅，本书没有涉及。

收录在本书里的例文，除文题下注明作者外，其余均为本人所作，虽然有极少数的文章时间跨度比较大，但我以为对教师的写作还是有指导和借鉴作用的。由于本人才疏学浅，书中多有谬误，请读者批评指正。

感谢山西教育出版社及编辑老师的辛勤劳动；感谢人民教育出版社编审、语文教育专家顾之川老师多年来对我的指导、帮助和鼓励，并拨冗为本书作序；感谢家人的督促，让我在专业之路上不断成长；感谢读者百忙之中打开这本书。

2022年10月于北京